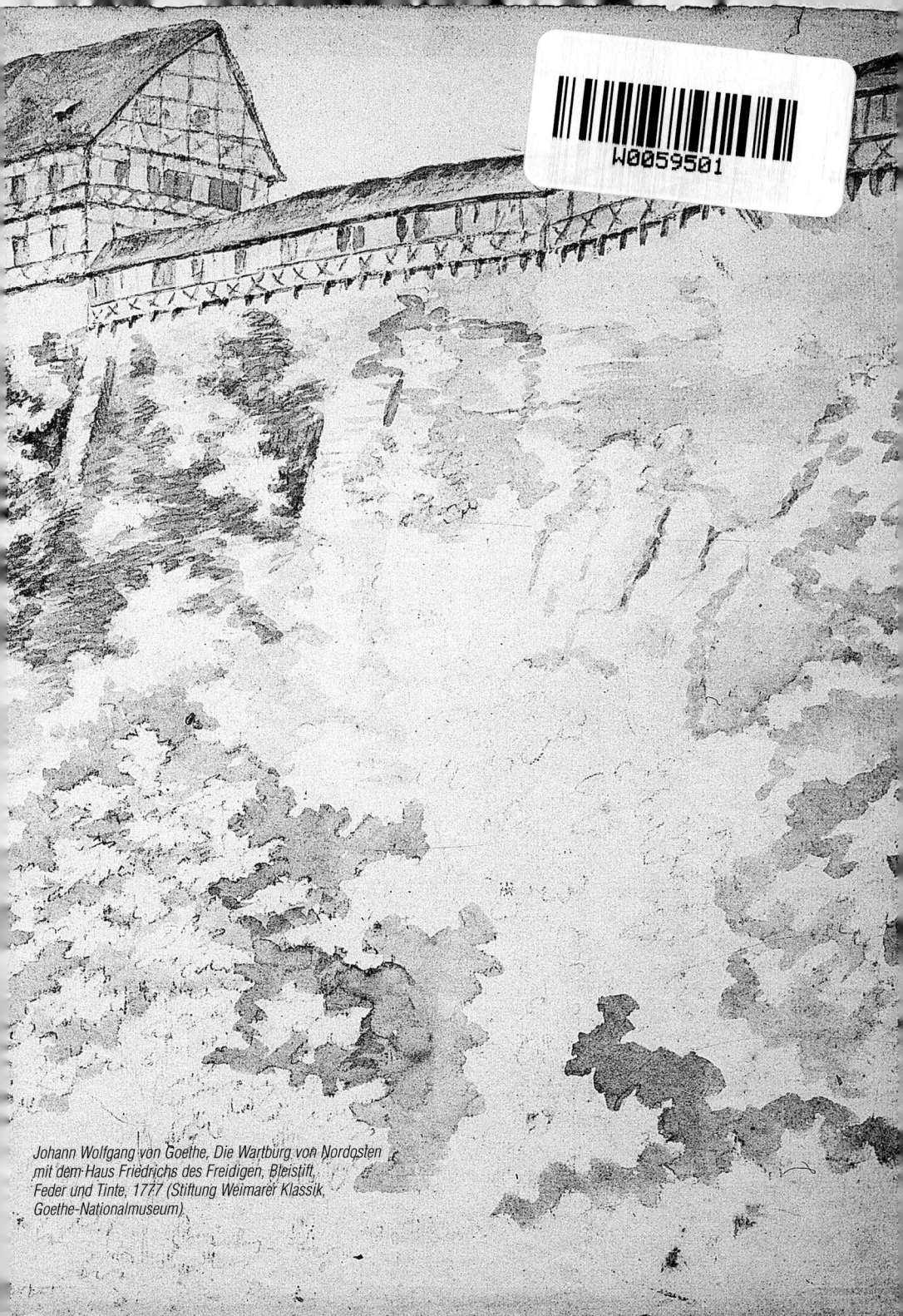

Johann Wolfgang von Goethe, Die Wartburg von Nordosten
mit dem Haus Friedrichs des Freidigen, Bleistift,
Feder und Tinte, 1777 (Stiftung Weimarer Klassik,
Goethe-Nationalmuseum)

Eine kurze Würdigung

DIE WARTBURG GILT ALS SYMBOL für wesentliche Epochen deutscher Geschichte. Als mittelalterliche Höhenburg vertritt sie die Landesherrschaft der bedeutenden Landgrafen von Thüringen im 11. bis 13. Jahrhundert. Hier wuchs die ungarische Königstochter Elisabeth als Verlobte und spätere Gemahlin Ludwigs IV. auf, die zu einer der populärsten Heiligengestalten des Mittelalters wurde. Martin Luther übersetzte auf der Wartburg das Neue Testament und schuf damit die Grundlage für den protestantischen Glauben und die Vereinheitlichung der deutschen Sprache. Studenten trafen sich 1817 zum Wartburgfest der Burschenschaften und bereiteten mit ihren Forderungen die deutsche Einheit vor. Die Romantik verwirklichte durch ihre Restaurierungen die Vorstellung von einer mittelalterlichen Burg im 19. Jahrhundert. Nach 1949 markierte die Burg die innerdeutsche Grenze und wurde nach der Wiedervereinigung Ziel zahlreicher Besucher aus aller Welt und von beiden Seiten des früheren Eisernen Vorhangs bis hin zum amerikanischen Präsidenten. Von der UNESCO wurde die Wartburg im Dezember 1999 in die Liste des Weltkulturerbes aufgenommen.

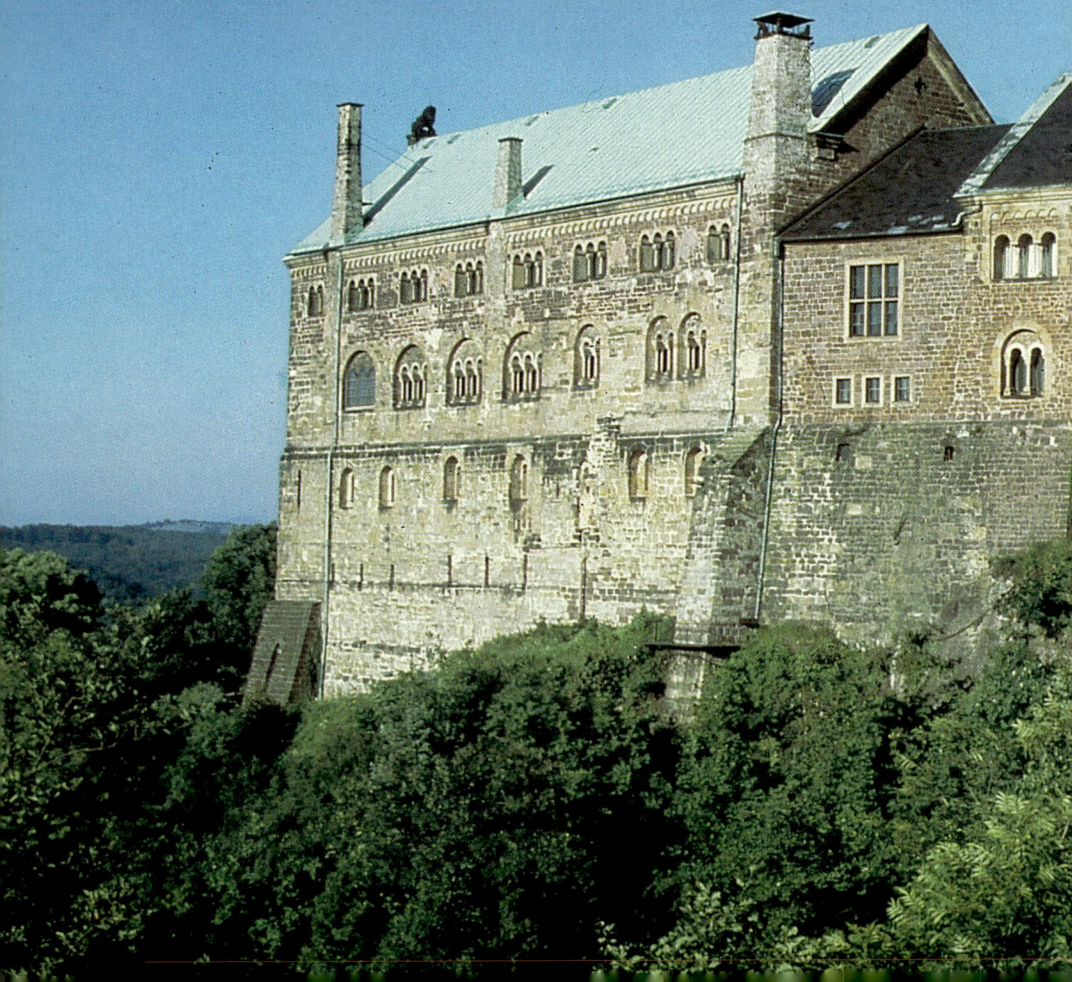

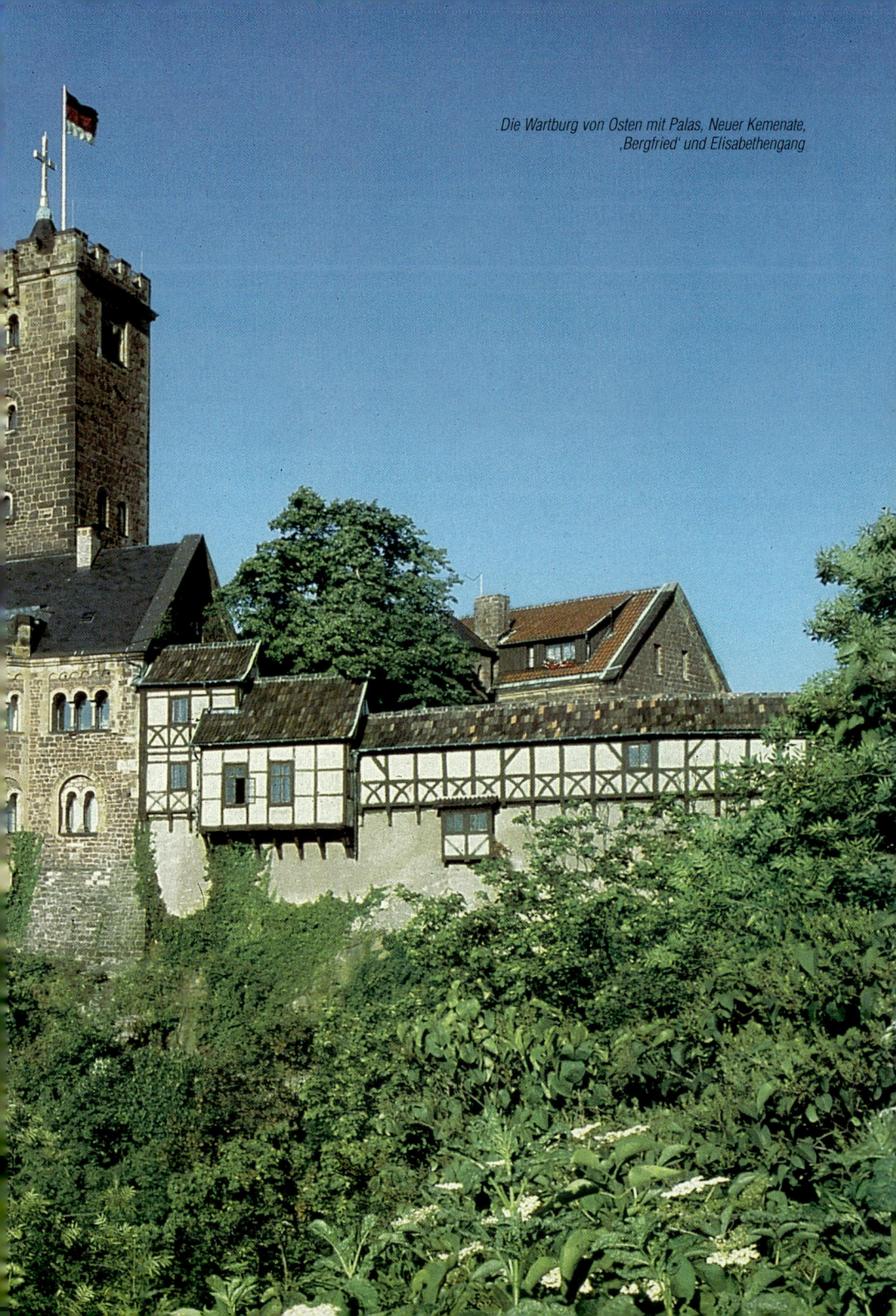

Die Wartburg von Osten mit Palas, Neuer Kemenate, ‚Bergfried‘ und Elisabethengang

Ein Spiegelbild deutscher Geschichte

DIE HL. ELISABETH VON THÜRINGEN, Martin Luther, das Wartburgfest der deutschen Burschenschaften, Symbol der deutschen Einheit – die Wartburg ist mehr als nur ein Bauensemble. Ihre Geschichte ist ebenso reich, wie die Vielzahl der Persönlichkeiten, Ereignisse und Sagen, die sich um die bekannteste Thüringer Feste ranken und ihre nationale Symbolkraft bewirken.

Im frühen 13. Jahrhundert war der landgräfliche Hof in Eisenach in Verbindung mit der Wartburg eine hervorragende Pflegestätte der vor allem westeuropäisch-französisch geprägten höfischen Kultur. Hier weilten die Dichter Walther von der Vogelweide, Wolfram von Eschenbach und Heinrich von Veldeke. Teile von Wolframs Epos ,Parzival' sollen am Hofe entstanden sein, der ,Willehalm' gilt als Auftragswerk Hermanns I. Der vom Landgrafen ausgerufene Sängerkrieg 1206/07 ist zwar sagenhaft, doch nehmen die Dichter und Lyriker in ihren Werken so direkt aufeinander Bezug, daß sie sich und ihre Arbeiten gut gekannt haben müssen. Der Ort eines solchen Austauschs kann nur Eisenach gewesen sein.

Von 1211 bis 1228 lebte die ungarische Königstochter Elisabeth (1207–1231) als Braut und Gemahlin Ludwigs IV. von Thüringen am Hof. Von ihren, dem Armutsideal des hl. Franziskus von Assisi verpflichteten barmherzigen Werken ging in der Folge eine weltweite christlich-karitative Bewegung aus, vor allem nach ihrer Heiligsprechung 1235.

Dreihundert Jahre später, am 4. Mai 1521, wurde der gebannte und während des Wormser Reichstags von Kaiser Karl V. geächtete Augustinermönch Martin Luther (1483–1546) auf der Wartburg in Sicherheit gebracht. Mit der in der Burgvogtei begonnenen Bibelübersetzung schuf der Reformator das Werk, das theologisch von weltgeschichtlicher Bedeutung ist, sprachbildend zu den herausragenden Leistungen zählt und sich bis heute eng mit dem Namen Wartburg verknüpft.

Zum Jubiläum der Reformation im Jahr 1817 vereinigten sich deutsche Studenten im burschenschaftlichen Wartburgfest, besannen sich auf das deutsche Mittelalter – eine vermeintlich ungetrübte Einheit von Fürst und Volk – und auf Luthers Werk und Wirkung. Diese erste bürgerliche National-Kundgebung des 19. Jahrhunderts in deutschen Landen mag als Kulminationspunkt

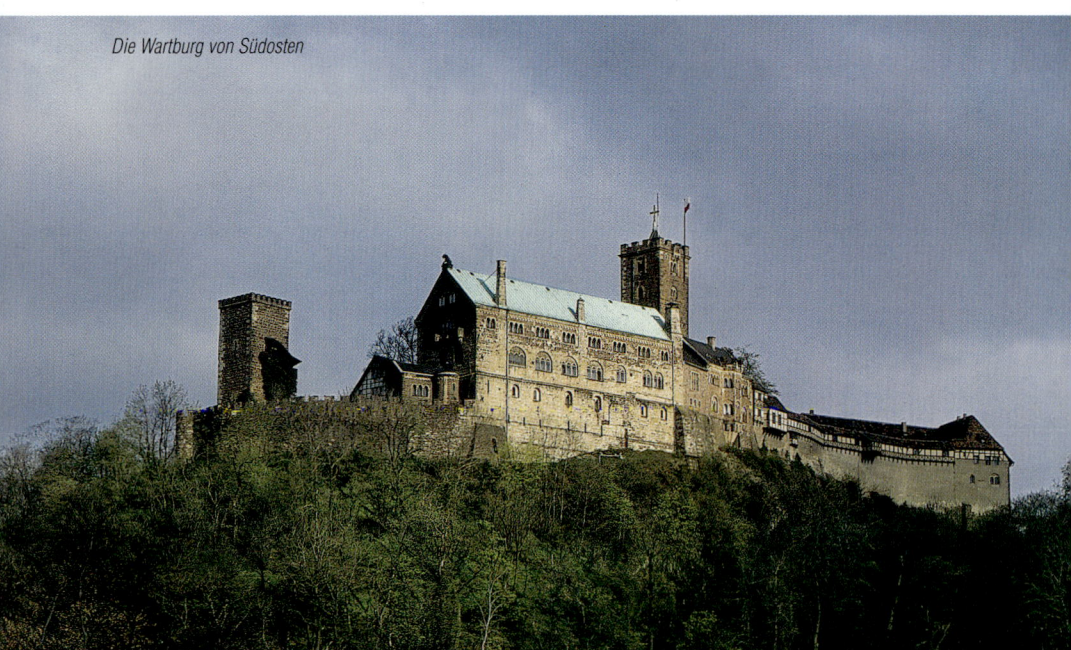

Die Wartburg von Südosten

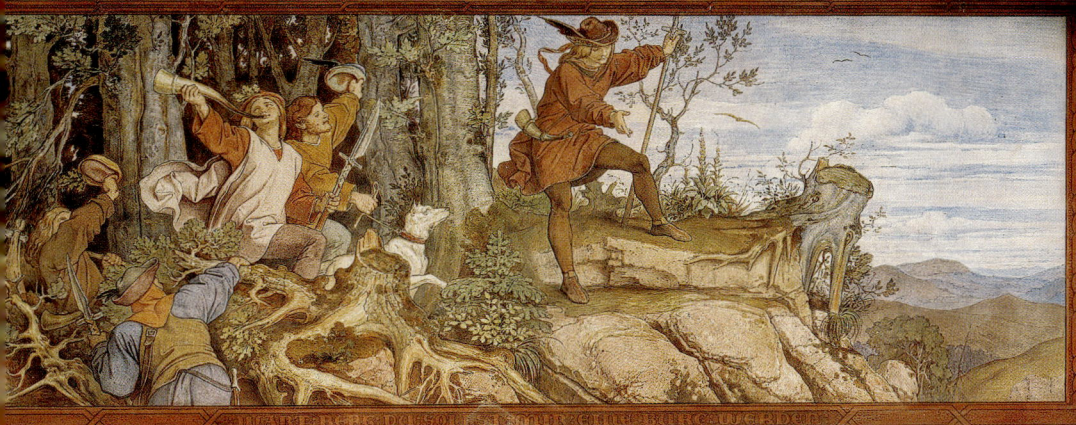

Moritz von Schwind, Die sagenhafte Gründung der Wartburg, Fresko im Landgrafenzimmer des Palas, 1854

für die Wiederentdeckung der Wartburg, ihrer Geschichte und ihrer Geschichten gelten und mündete schließlich in der ‚Wiederherstellung' der Anlage. Nach dem Fall der Mauer sollte die hehre Feste ihre erste tatsächliche ‚Erstürmung' erfahren. Das Jahr 1990 brachte mit 760 000 geführten Gästen den absoluten Besucherrekord; auf den Höfen zählte man weit mehr als eine Million Schaulustige.

Die Ersterwähnung der Wartburg

„Im folgenden Jahr aber, dem 1080sten nach der Menschwerdung des Herrn, im Monat Januar, sammelte Heinrich wieder eine nicht geringe Heeresmacht und gedachte in Sachsen einzufallen. Sein Heer lagerte sich ermattet bei einer Burg Namens Wartberg, und machte dort Halt um die müden Glieder durch Speise und Ruhe zu erfrischen. Die Unsrigen aber, welche die Burg besetzt hielten, warfen sich mit plötzlichem Angriff auf jene, jagten sie in die Flucht, und plünderten fast ihre ganze Habe." (Brunos Buch vom Sächsischen Kriege) Im Bericht des sächsischen Zeitzeugen Bruno für Bischof Werner von Merseburg – ‚De bello Saxonico' –, bald nach 1082 niedergeschrieben, wurde die Wartburg erstmals erwähnt. Wohl wird Parteilichkeit gegen Heinrich IV. deutlich, aber auch tiefe Kenntnis der Ereignisse, so daß das Werk Quellencharakter besitzt. Das Ruhelager der königlichen Truppen folgte auf die Schlacht bei Flarchheim, etwa 20 Kilometer von der Wartburg entfernt und südlich von Mühlhausen gelegen.

Die Gründung

DIE FLURBEZEICHNUNG für den Bergrücken, der sich mehr als 200 Meter über das Umland erhebt, dürfte schon auf eine Zeit zurückgehen, bevor das aus Mainfranken stammende Adelsgeschlecht der Ludowinger von diesem Platz Besitz nahm. Hersfelder und Fuldaer Ländereien stießen wohl hier aneinander, vor allem aber mehrere wichtige Fernhandelsstraßen. Sie lassen an eine Warte mit guter Sicht denken, die der Kontrolle dieses Knotenpunktes diente.

Die genaueren Umstände der Wartburg-Gründung liegen im Dunkeln. Der in der Sage beschriebene Landraub durch das Ausbreiten eigener Erde auf fremdem Boden ist spätmittelalterliche Dichtung, ebenso das sagenhafte Gründungsjahr 1067. Historiker favorisieren das Jahr 1073 als wahrscheinlichsten Gründungszeitpunkt.

Genealogische Tafel der wichtigsten Ludowinger

Ludwig der Bärtige († 1056 oder um 1080)

N.N.?

Ludwig der Springer († 1123)

Ludwig I. 1130/31–1140	Heinrich Raspe I. († 1130)
Ludwig II. der Eiserne 1140–1172	Heinrich Raspe II. († um 1155)

Ludwig III. der Fromme 1172–1190	Heinrich Raspe **III.** († 1180)	**Hermann I.** 1190–1217

Jutta († 1235) ∞ Dietrich der Bedrängte Markgr.v.Meißen	**Ludwig IV. der Heilige** 1217–1227 ∞ hl. Elisabeth († 1231)	Heinrich Raspe IV. 1227–1247 1246 dt. König	Konrad († 1240) Hochmeister des Deutschen Ordens
Heinrich der Erlauchte seit 1247 Thüringer Landgraf ↓ Wettiner in Thüringen	Hermann II. († 1241)	Sophie († 1282) ∞ Heinrich II. († 1284) Herzog von Brabant ↓ Landgrafen von Hessen	Gertrud († 1297)

Machtmittelpunkt der Thüringer Landgrafen

LUDWIG DER BÄRTIGE aus einer Nebenlinie der eher unbedeutenden Grafen von Rieneck, der erste faßbare Sproß der später so gewichtigen Ludowinger, gründete um 1040 die Schauenburg und damit eine kleine Rodungsherrschaft, gerade zweitausend Schritte vom alten Kammweg des Thüringer Waldes entfernt, südlich des heutigen Ortes Friedrichroda und somit in unmittelbarer Nähe zum späteren Hauskloster Reinhardsbrunn. Sein Sohn (oder Enkel), Ludwig der Springer, gilt als Gründer der Wartburg und leitete eine bei-

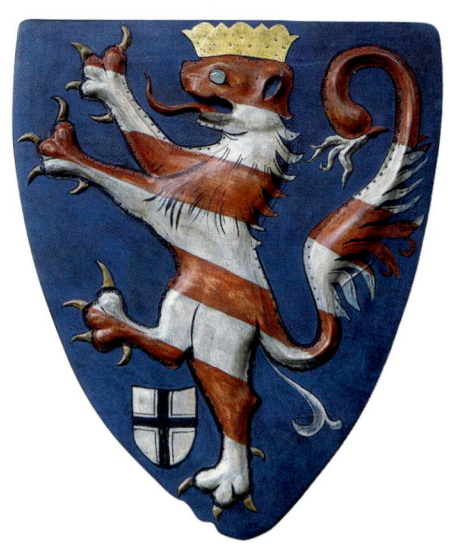

Schild des Landgrafen Konrad von Thüringen, Regent in Hessen, vor 1240, Linde, Pergament, Leder, Blech (Kopie, Original im Universitätsmuseum Marburg)

spielhafte Entwicklung des Geschlechtes ein, die ihren Höhepunkt mit der Wahl Heinrich Raspes IV. 1246 zum Gegenkönig erfuhr. Die Erhebung in die Landgrafenwürde 1131 war auch der vorausgegangenen Unterstützung des Sachsen Lothar von Süpplingenburg anläßlich der deutschen Königswahl gegen Kaiser Heinrich V. zu verdanken. Dieser für Thüringen völlig neu geschaffene Titel bedeutete Gleichstellung mit den Herzögen und baldige Erhebung in den Reichsfürstenstand.

Grabplatte Ludwig des Springers († 1123) in der Georgenkirche in Eisenach, 1. Hälfte 14. Jahrhundert

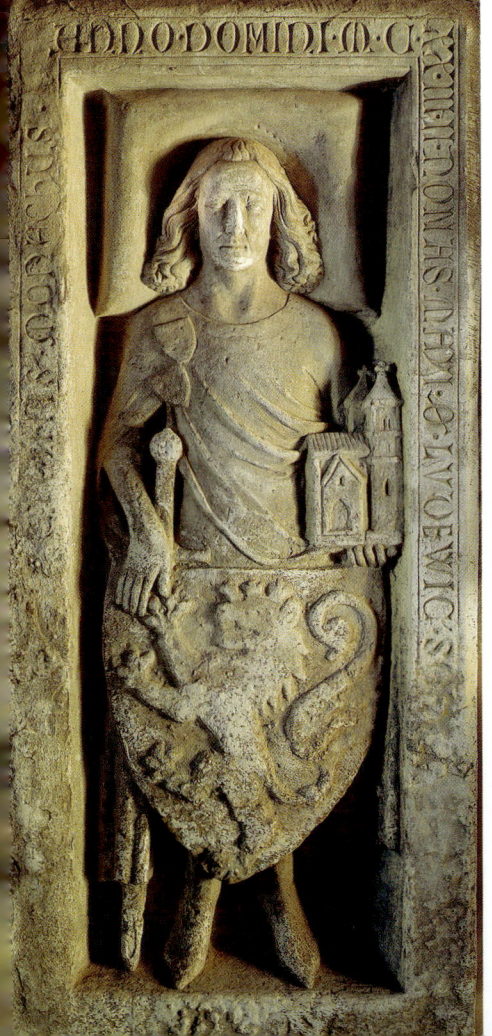

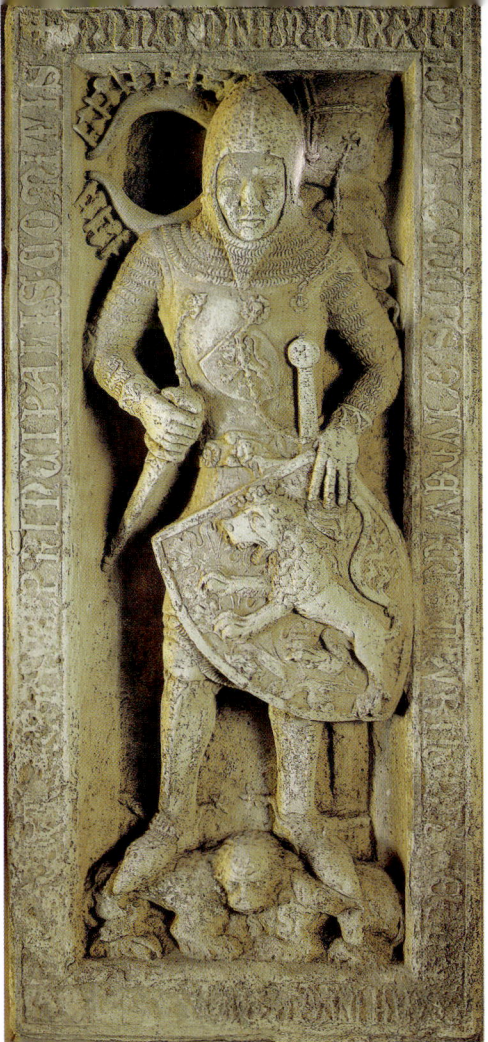

Grabplatte Ludwigs II. (1140–1172) in der Georgenkirche in Eisenach, 1. Hälfte 14. Jahrhundert

Der um 1128 geborene gleichnamige Sohn, Ludwig II., der später den Beinamen ,der Eiserne' erhielt, kann als der wohl bedeutendste Bauherr der Thüringer Landgrafen gelten. Seine Ehe mit Jutta, der Schwester Friedrichs I., der zum König und 1155 zum Kaiser gekrönt wurde, brachte ihn in unmittelbare Nähe der Reichsgewalt und erleichterte ihm den Machtgewinn. Die führenden Reichsfürsten waren allerdings auch zur Kreuzzugsteilnahme verpflichtet; für die kommenden Generationen sollte dies fatale Folgen haben.

Der erste Ludowinger anderen Vornamens, Hermann I., warb 1211 erfolgreich für seinen Sohn um die gerade vierjährige ungarische Königstochter Elisabeth. Ludwig IV. trat die Nachfolge des Vaters 1217 an und starb auf einem Kreuzzug – nicht im Kampf, sondern an einer Seuche. Von 1137 bis 1227 werden Grafen von Wartburg als Burggrafen erwähnt. Erst am Ende dieses Zeitraums sollen die Landgrafen ihren Hauptsitz aus Eisenach auf die Burg verlegt haben. Dies steht jedoch im Widerspruch zur früher anzusetzenden Fertigstellung des Palas. Spätestens in der ersten Hälfte des 13. Jahrhunderts war sie jedoch ihr bevorzugter Aufenthaltsort.

Die heilige Elisabeth

Das Geburtsdatum ist sagenhaft: der 7. Juli 1207, Tag der Wiederholung des Sängerkrieges im Beisein des Magiers Klingsor. Elisabeths Mutter war Gräfin Gertrud von Andechs-Meranien, der Vater König Andreas II. von Ungarn. Die Brautwerbung der Abgesandten Landgraf Hermanns I. hatte Erfolg; vierjährig wurde das Kind zur Vorbereitung der Ehe mit einem Landgrafensproß an die Ludowinger übergeben. Mit ihr war königliches Gefolge nach Thüringen gekommen – gleichaltrige Kinder, Ammen, Erzieherinnen und Bewacher. Elisabeth sollte Gemahlin von Hermanns Erstgeborenem, Ludwig IV. werden. Die Eheschließung erfolgte 1221; Sohn Hermann (II.) wurde im Folgejahr geboren, die Töchter Sophie und Gertrud kamen 1224 und 1227 zur Welt. Trotz Mutterschaft entsprach die junge Landgräfin nicht dem Ideal einer höfischen Frau in reichsfürstlicher Stellung. Ihre frühe Askese, gelebt nach den Idealen des Franz von Assisi, ließen Elisabeth zur argwöhnisch beobachteten Außenseiterin werden. Sie hatte ein Siechenhaus, ein Hospital für die ärmsten Kranken, in dem sie karitative Dienste versah, spätestens 1225 unterhalb der Vorburg errichten lassen. Mantel- und Rosenwunderlegenden verbinden sich mit christlichen Werken der Barmherzigkeit – Nackte zu bekleiden und Hungrige zu speisen. Nach dem Tod Ludwigs auf dem Kreuzzug 1227 und der Beisetzung im Hauskloster Reinhardsbrunn im nächsten Jahr verließ die Witwe Thüringen und folgte ihrem Beichtvater Konrad nach Marburg, um noch intensiver wohltätig zu wirken. Am 17. November 1231 starb sie im Alter von nur 24 Jahren. Ihre Heiligsprechung, der die ‚Bezeugung' von 99 Wundern vorausging, erfolgte bereits vier Jahre später.

Seite 9: Bartholomäus Bruyn, Die hl. Elisabeth zwischen den Aposteln Philippus und Jakobus d.Ä., Öl auf Holz, um 1530

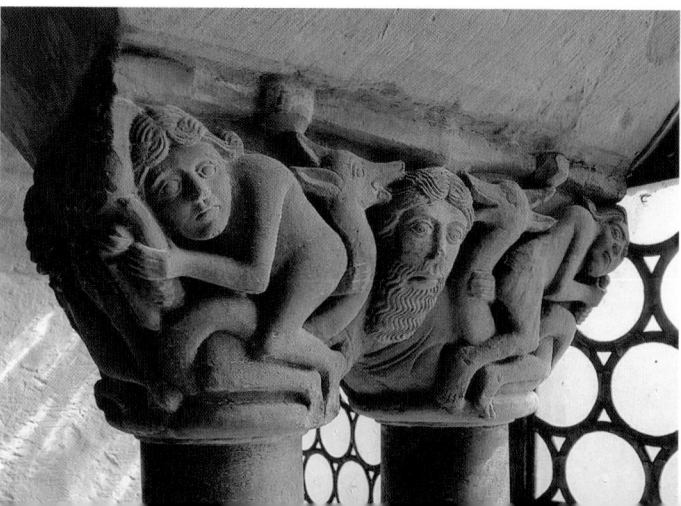

‚Schlangenbändiger', romanisches Doppelkapitell in der Palaskapelle, Rhätsandstein, um 1165

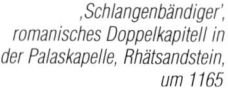

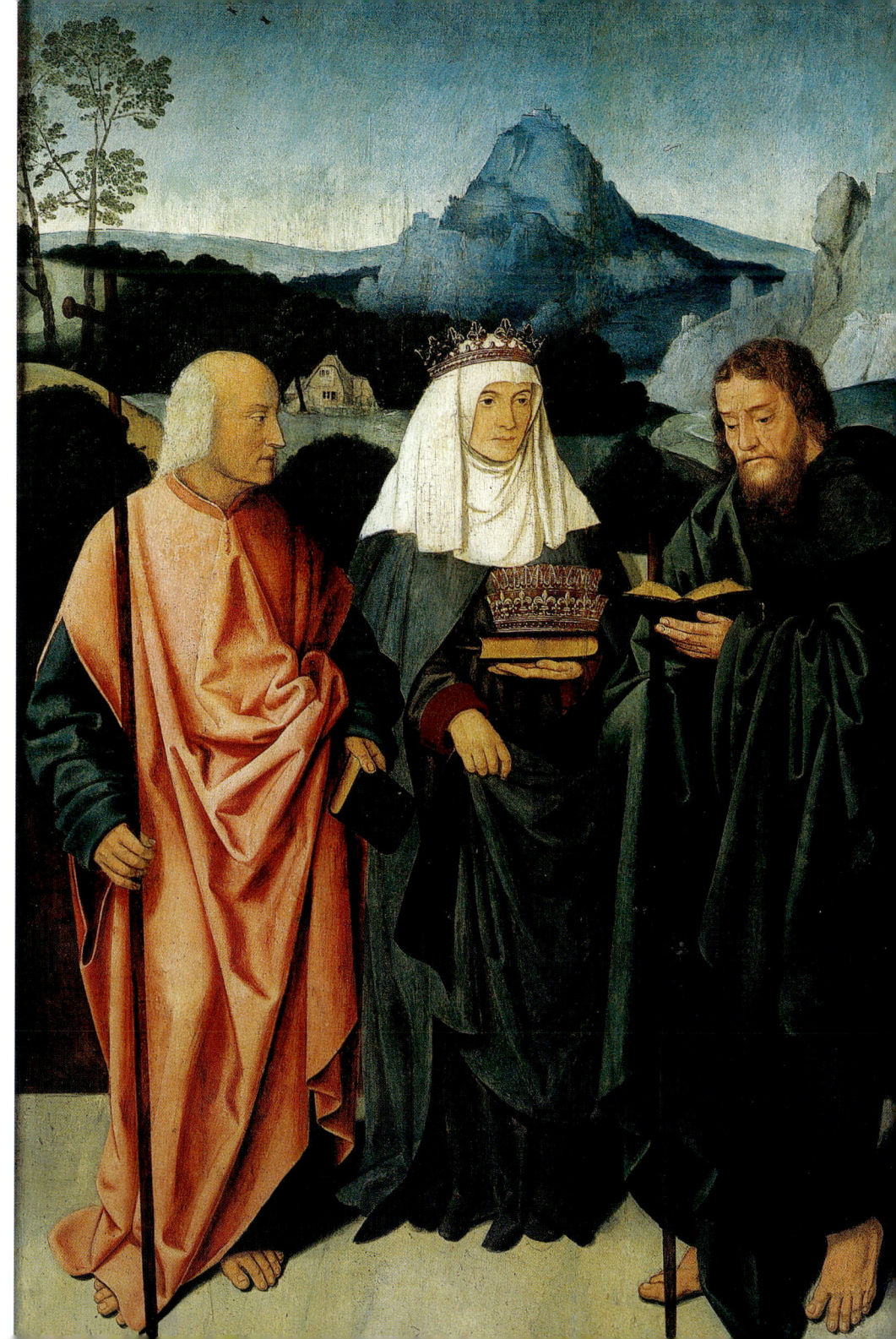

Machtmittelpunkt der Thüringer Landgrafen

Nach dem Tod Ludwigs IV. führte der Bruder Heinrich Raspe die Landgrafschaft für Elisabeths Sohn Hermann II., der aber bereits 1241 verstarb. Heinrich Raspes langjähriges Mündel, der wettinische Neffe Heinrich von Meißen, war daraufhin 1243 als Erbe bestimmt worden. Der letzte thüringische Landgraf blieb für neun Monate Gegenkönig Friedrichs II.; dies allerdings, ohne Spuren zu hinterlassen. Regent in Thüringen, Hessen und Sachsen war er zwanzig Jahre lang. Drei Ehen blieben ohne Nachkommen, so daß sein Tod 1247 den Thüringer Erbfolgekrieg auslöste, in dem die Wartburg zwischen Hessen und Thüringen besonders umstritten war und der bis

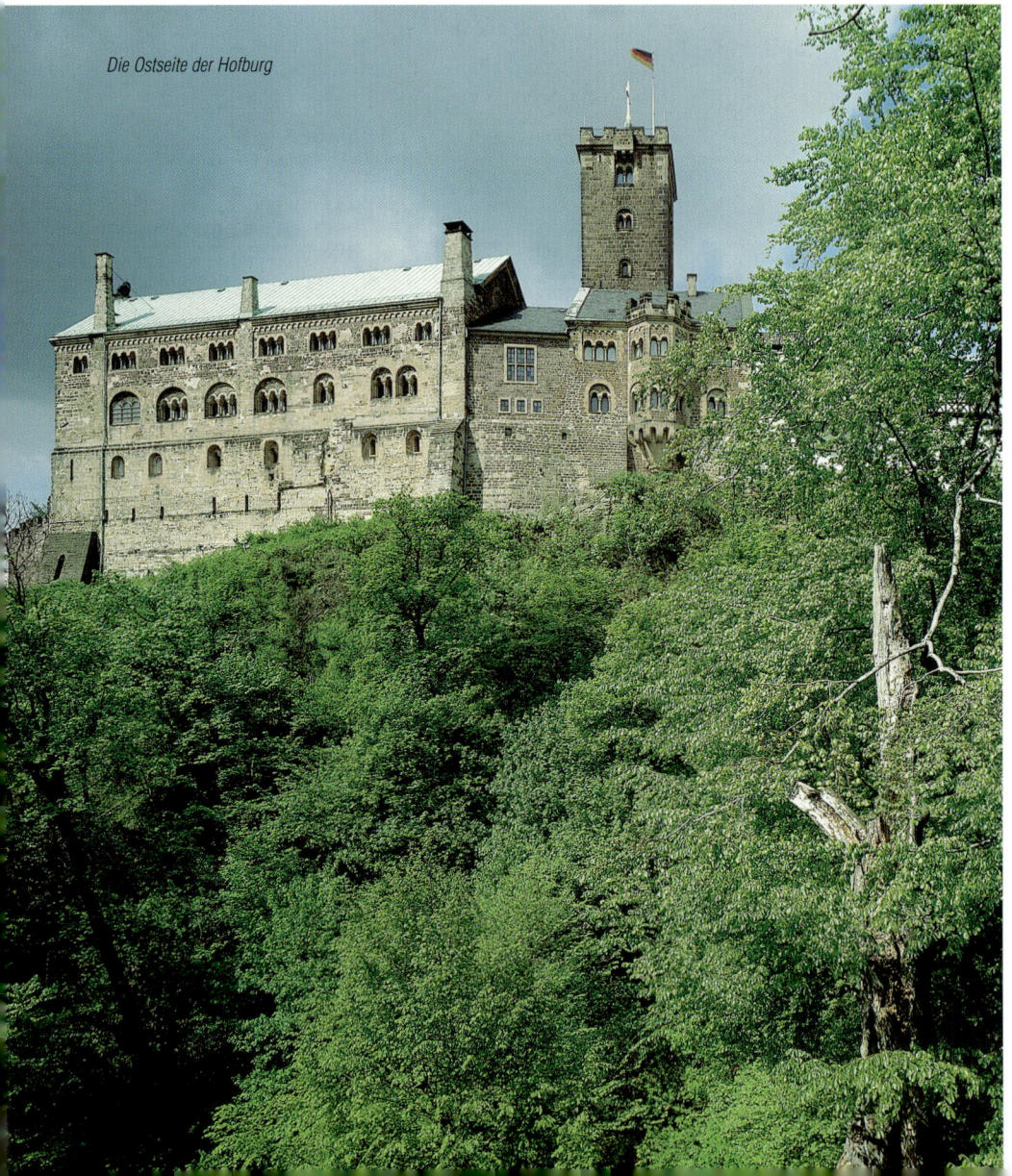

Die Ostseite der Hofburg

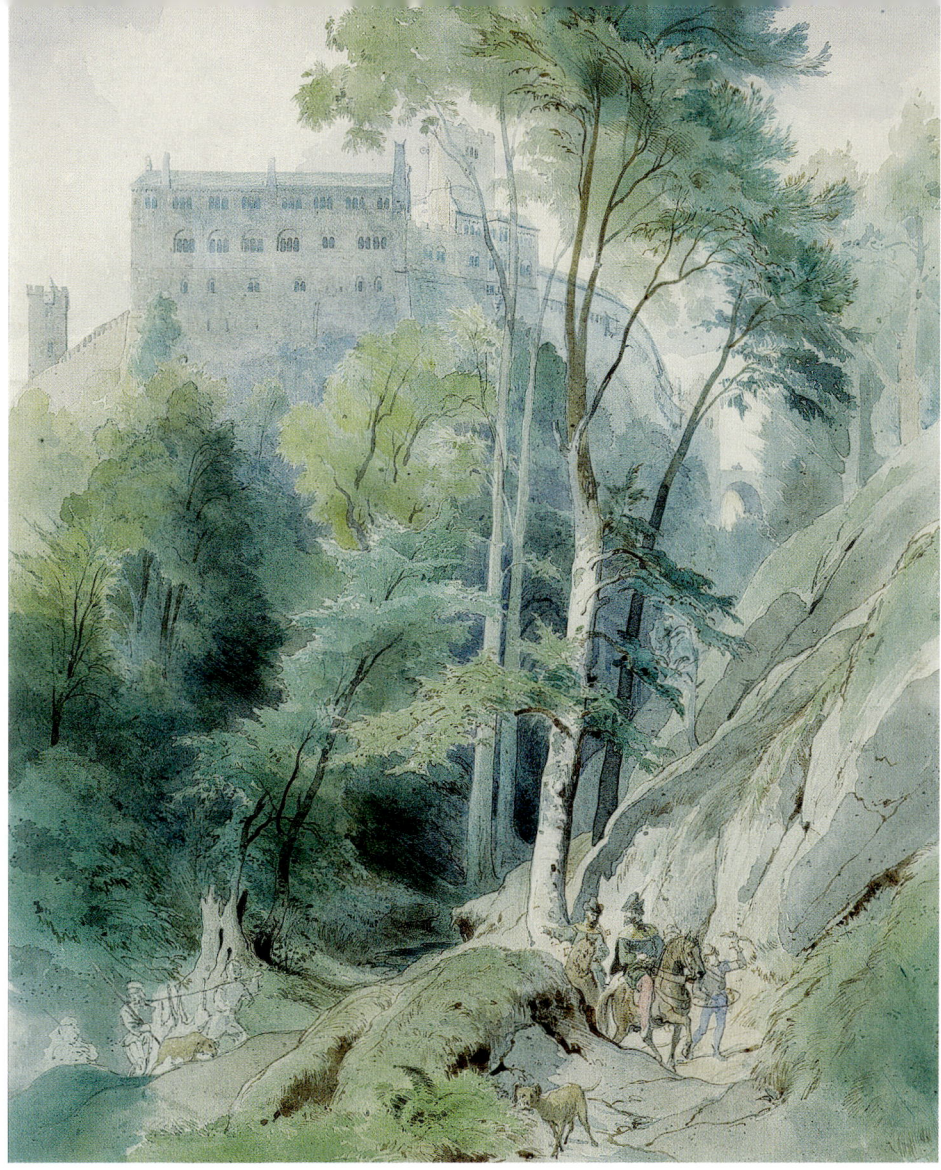

Carl Hummel, Jagdgesellschaft unterhalb der Wartburg, Aquarell, um 1870

1263 andauerte. Nach einer früheren und nun wirksamen Eventualbelehnung ging Thüringen in die Hand der Wettiner über. Sophie von Brabant, der ältesten Tochter Ludwigs IV. und Elisabeths, verblieben die hessischen Gebiete. Zu den thüringischen landgräflichen Burgen neben der Wartburg zählen die Burg Weißensee (Runneburg), die Creuzburg, die Neuenburg (Freyburg/Unstrut) und Eckartsberga – der Gothaer Grimmenstein und die Friedrichrodaer Stammfeste Schauenburg sind untergegangen; unter den Klöstern steht Reinhardsbrunn als Grabstätte der Ludowinger an erster Stelle.

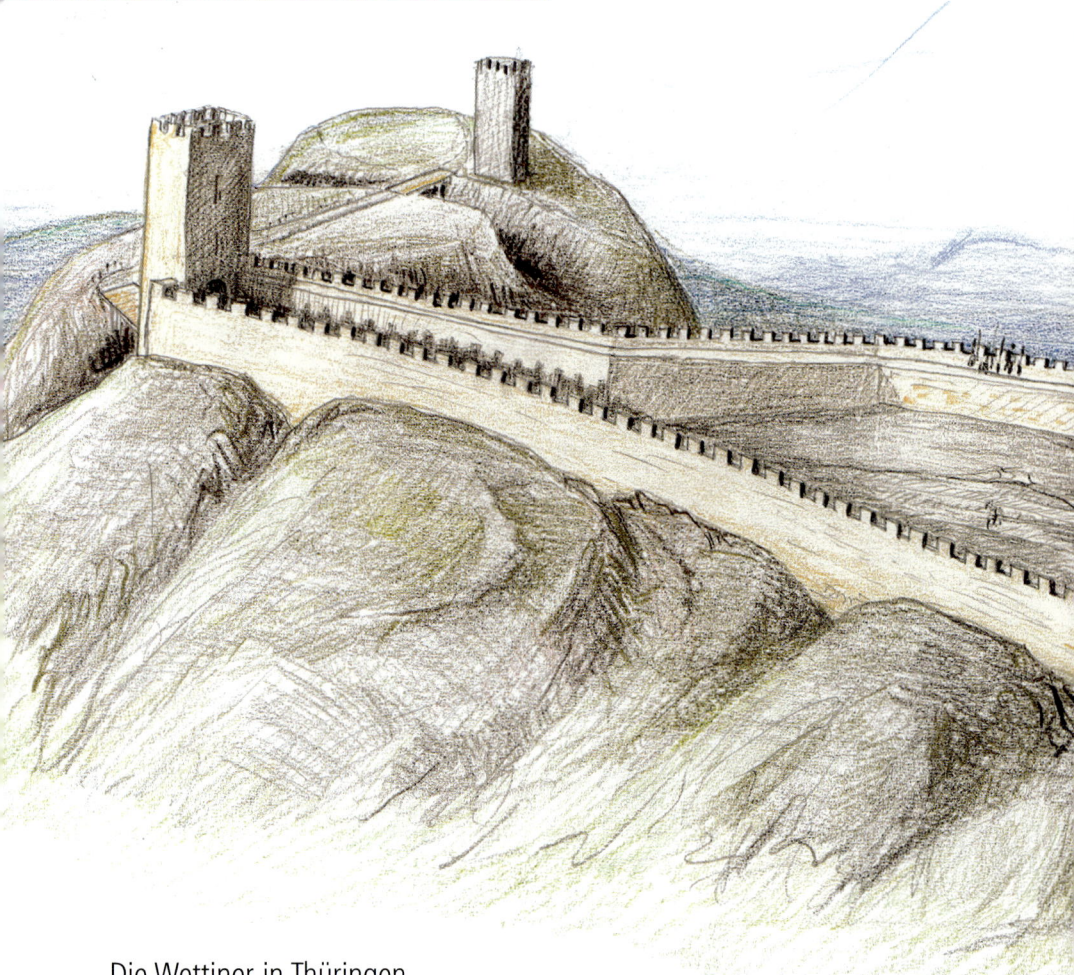

Die Wettiner in Thüringen

DER TOD KAISER FRIEDRICHS II. 1250 und der seines Sohnes Konrad vier Jahre danach lösten im Lande rivalisierende Fehden des Hochadels um die königliche Nachfolge aus, die als ‚Interregnum' beinahe zwei Jahrzehnte andauerten. In diese Zeit fehlender Reichsgewalt fällt der Erbfolgekrieg, in dem sich schließlich der Neffe des letzten Thüringer Landgrafen, Markgraf Heinrich der Erlauchte von Meißen, durchsetzen konnte. Eisenach und die Wartburg gelangten für die nächsten 650 Jahre an die Wettiner.

Heinrich war einer ihrer schillerndsten Vertreter, ein erfolgreicher Kreuzfahrer und Minnesänger. 1265 teilte er seine Länder mit den Söhnen Dietrich und Albrecht; letzterer erhielt die Pfalzgrafschaft Sachsen und die Landgrafschaft Thüringen. Für Albrecht, dem das 16. Jahrhundert aufgrund seiner Kriege gegen Geschwister und Söhne den Beinamen ‚der Entartete' gab, sind 56 Wartburgaufenthalte in allen Jahreszeiten bezeugt.

Ein verheerender Brand infolge Blitzeinschlages, von dem verschiedene Chroniken zeitnah berichten, soll sich 1318 zugetragen haben. Eine Erfurter Chronik schildert, Albrechts Sohn Friedrich der

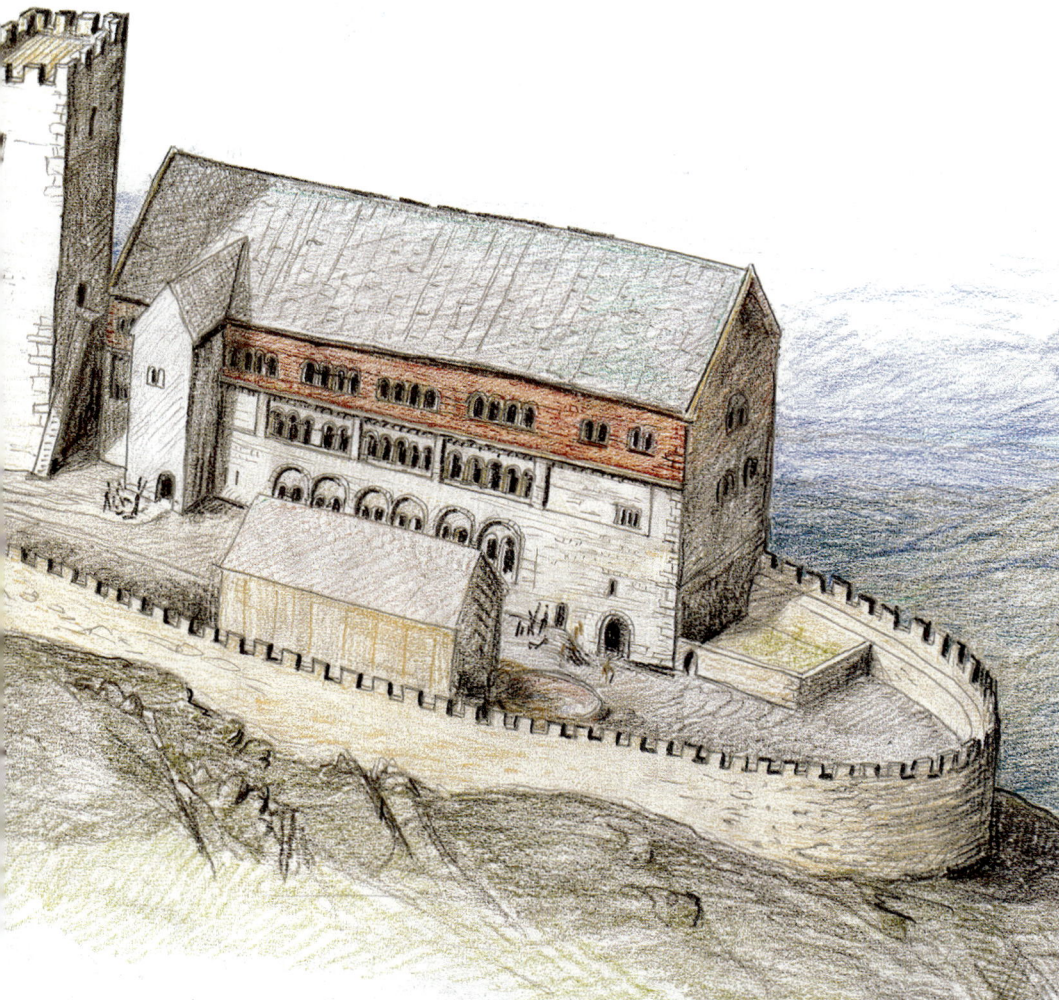

Rekonstruktion der Wartburg um 1200
Zeichnung: Elmar Altwasser

Freidige habe in nur fünf Jahren den Palas umbauen und einige Gebäude der Hofburg neu errichten lassen. Gleichzeitig ließ der Landgraf Unmengen Silber aus den östlichen Territorien bringen. Im Alter von 62 Jahren schickte er sich an, seinen Alterssitz auf der Wartburg zu nehmen, wo er im November 1323 starb. Das durch Friedrich initiierte umfangreiche Baugeschehen im ersten Viertel des 14. Jahrhunderts stellt die für die Baugeschichte der Wartburg wichtigste Epoche des späten Mittelalters dar. Im Verlauf des 15. Jahrhunderts verlor die Burg ihre Bedeutung als Hauptort. Sie wurde zur Nebenresidenz und die Bautätigkeit nahm bescheidenere Formen an – so beim Fachwerk der Jahre 1478–1480.

Protestantische Pilgerstätte und romantische Wiederentdeckung

‚VERMISCHTE NACHRICHTEN' des Elsenacher Chronisten Schumacher rühmen die Wartburg noch 1769 als eines der prächtigsten Schlösser in Thüringen „in gutem Stande". Die darin enthaltene Ansicht und der Grundriß zeigen den geschlossenen Komplex der Kernburg. Die Westseite des Haupthofes bilden das „Haus wo die Handmühlen sind", der Garten, das Zeughaus, das Brauhaus und der Südturm (Pulverturm). Das Bollwerk – hier „Ravelin" genannt –, ist noch vorhanden und sollte wenige Jahre später auch von Johann Wolfgang von Goethe (1749–1832)

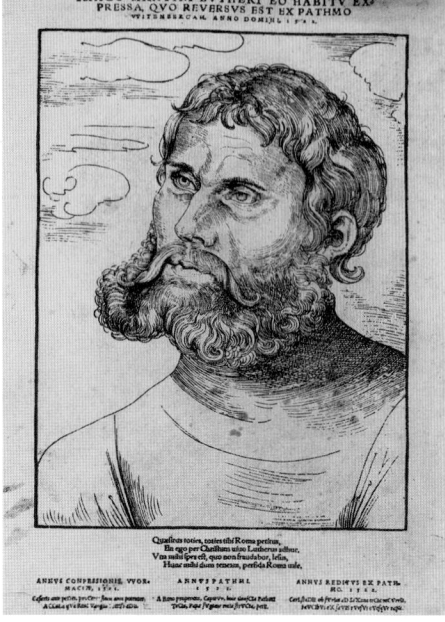

Lucas Cranach d.Ä., Martin Luther als ‚Junker Jörg' auf der Wartburg, Holzschnitt, 1522

Martin Luther auf der Wartburg

Der 1483 in Eisleben geborene Sohn eines Bergmanns, dessen Familie aus dem Eisenacher Raum stammte, kannte Wartburg und Eisenach schon als Kind; hier ging er 1500 zur Schule. Nach Studium und Promotion zum Magister artium in Erfurt gelobte Martin 1505 Mönch zu werden und trat in das dortige Kloster der Augustiner-Eremiten ein. Zwei Jahre später erfolgte die Priesterweihe, der sich 1511 eine Bibelprofessur in Wittenberg und im Folgejahr die Promotion zum Doktor der Theologie anschlossen. Die am 31. Oktober 1517 veröffentlichten 95 Thesen gegen den Ablaßhandel wurden zum Ausgangspunkt der Reformation. Luthers neue Theologie stützte sich nicht auf das Strafgericht Gottes, sondern auf den liebenden und barmherzigen Gottvater, vor dem der wahre Christusglaube jeden sündhaften Menschen zu rechtfertigen vermag. Das Seelenheil war damit zur Herzenssache erklärt und nicht käuflich durch Ablaßbriefe zu erwerben.

Der während des Wormser Reichstages 1521 verweigerte Widerruf seiner Schriften führte nach päpstlicher Ächtung auch zu kaiserlichem Bann. Kurfürst Friedrich der Weise veranlaßte Luthers Schutznahme und Unterbringung auf der Wartburg, wo er sich vom 4. Mai 1521 bis zum 1. März 1522 als ‚Junker Jörg' aufhielt. Hier entfaltete er eine seiner produktivsten Schaffensperioden, nachdem ihm die Freunde die notwendigen Bücher hatten zukommen lassen. 13 Abhandlungen zu aktuellen Fragen entstanden, darunter ‚Von der Beicht, ob die der Papst Macht habe zu gebieten', ‚Über die Mönchsgelübde', ‚Vom Mißbrauch der Messen' und ‚Eine treue Vermahnung zu allen Christen, sich zu hüten vor Aufruhr und Empörung'. „Ich werde bis Ostern hier bleiben. Bis dahin werde ich an der Postille schreiben. Ich will auch das Neue Testament ins Deutsche übersetzen, das verlangen die Unsrigen", schrieb er an Johann Lang „Aus meiner Wüstenei, am Donnerstag nach dem Sankt-Lucia-Tag (18. Dezember) 1521". Neben der Wartburgpostille – einer weihnachtlichen Predigtsammlung, die Luther für sein bestes Buch hielt, war die Übersetzung des Neuen Testaments das Werk, das den Zusammenhang zwischen Luther und Wartburg manifestiert. 1534 erschien die erste Gesamtausgabe der Luther-Bibel, 1546 starb der Reformator in Eisleben.

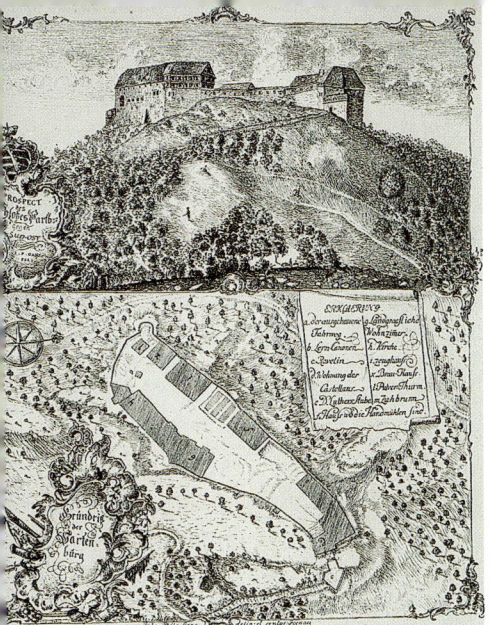

Philipp Gans, Ostansicht und Grundriß der Wartburg, 1769 in: Vermischte Nachrichten ... der Eisenachischen Geschichte von Carl Wilhelm Schumacher, Eisenach 1766–1772

gezeichnet werden. Bering und Wehrgänge deutet der Autor lediglich an, „D. Luthers Stube" jedoch wird im Grundriß explizit ausgewiesen. Die Bedeutung der Wartburg für das 18. Jahrhundert läßt sich daran ermessen. Als erhaltungswürdiges ‚Denkmal des Altertums', vor allem aber als ‚Pilgerstätte', Ort der lutherischen Bibelübersetzung, sollte sie trotz ihrer damaligen baulichen Reduktion für den geistig-kulturellen Aufbruch, für die bürgerlich-freiheitlichen Bewegungen der Folgezeit symbolbildhafte Wirkung erzielen und sogar Mythosfunktion übernehmen.

Goethes Wartburgaufenthalte

DIE VISUELLE KENNTNIS untergegangener Bauten ist auch Goethe zu verdanken. Der am Eisenacher Landständetag im September 1777 teilnehmende Dichterfürst, Mitglied des sächsisch-weimarischen geheimen Konsiliums des Herzogs Carl August, nahm hier Quartier. Sein erster Besuch war von Naturbegeisterung geprägt; die Anlage selbst begriff er dennoch als Zeugnis alter Geschichte und Kultur. Immer wieder hatte er in der Umgebung der Wartburg gezeichnet, „gekrabelt auf

dem Papiere". Verse mit direktem Bezug zu Burg und Minnesang entstanden: ‚Die romantische Poesie' (1810) und das frühe ‚Divan'-Gedicht ‚Im Gegenwärtigen Vergangnes' (1814).

Der Ausblick, die Landschaft des Thüringer Waldes, versetzten Goethe in schwärmerische Stimmung. Briefe an Charlotte von Stein vermitteln das Glücksgefühl, das die Wartburg in ihm erzeugte: „Hier wohn, ich nun, Liebste, und singe Psalmen dem Herrn, der mich aus Schmerzen und Enge wieder in Höhe und Herrlichkeit gebracht hat. Der Herzog hat mich veranlaßt, heraufzuziehen ...". Sympathien für die mittelalterliche Baukunst, die Goethe ‚altdeutsch' nannte, gipfelten 1815 in

Johann Wolfgang von Goethe, Das Bollwerk der Wartburg aus einem Fenster des Ritterhauses gesehen, Bleistift, Feder und Tinte, 1777 (Stiftung Weimarer Klassik, Goethe-Nationalmuseum)

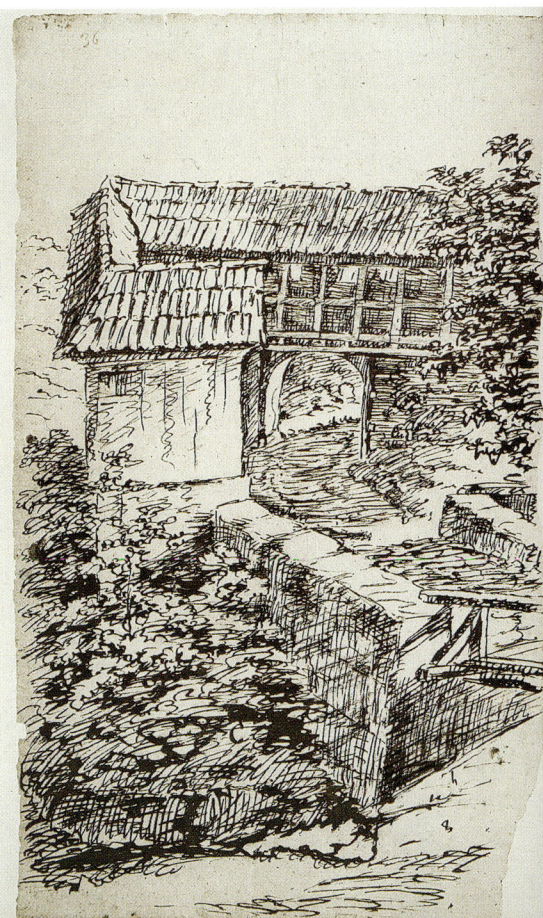

seinem Plan, die Burg als kulturhistorisches Museum einzurichten und Stücke auszustellen, die aus dem 1806 zerstörten Schloß in Blankenhain stammten: „Diese Gegenstände wären um desto erwünschter, als man sie zur Auszierung der Kapelle auf der Wartburg brauchen und jenem Ritterschloß abermals eine analoge Zierde geben könnte. Bei der gegenwärtigen Liebe und Leidenschaft zu den Resten der alten deutschen Kunst ist die Acquisition von Bedeutung und die Wartburg wird künftig noch manchen Pilger mehr zählen", schrieb er an seinen Ministerkollegen Christian von Voigt. Diese Werke verblieben jedoch in Weimar, während bereits seit 1801 die Rüstsammlung aus dem dortigen Schloß im Vorgängerbau des Wartburg-Gadem untergebracht worden war. Im Landgrafenzimmer des Palas hingen spätestens seit 1804 Fürstenporträts und Landschaftsgemälde aus der Eisenacher Residenz.

Das Wartburgfest der deutschen Burschenschaften

Die Französische Revolution und die deutschen Befreiungskriege am Beginn des 19. Jahrhunderts, die in der Völkerschlacht ihren militärischen Erfolg erstritten, waren Ausdruck des bürgerlichen Aufbegehrens in Europa. Am 18. Oktober 1817, dem vierten Jahrestag des Leipziger Sieges und der dreihundertsten Wiederkehr des Beginns der lutherischen Reformation, trafen sich in Eisenach 500 Burschen – beinahe jeder zwanzigste Studierende an einer deutschen Universität. In langer Reihe war man vom Markt zur Wartburg hinaufgezogen. Der alte Goethe hatte die Teilnehmer des von der Jenaer Urburschenschaft angeregten Treffens als ‚liebe Brauseköpfe' bezeichnet. Am Nachmittag ging es zum Wartenberg im Norden der Stadt. Ludwig Rödiger hielt seine berühmte Feuerrede: „Vier Jahre sind seit jener Schlacht verflossen, das deutsche Volk hatte schöne Hoffnungen gefaßt, sie sind alle vereitelt; alles ist anders gekommen, als wir erwartet hatten; viel Großes und Herrliches, was geschehen konnte und mußte, ist unterblieben". Ulanenschnürleib, Militärzopf und Korporalstock, aber auch einige Bücher wurden verbrannt. Die im Anschluß gefaßten ‚Grundsätze und Beschlüsse' manifestierten die politische und überkonfessionelle Einheit Deutschlands. Die Reaktion, allen voran Österreich und Preußen, antwortete mit Protesten und Diffamierungen. Die 1819 gefaßten ‚Karlsbader Beschlüsse' verboten die burschenschaftlichen Verbindungen. Diese Zäsur brächte die Wartburg „lange Zeit in Mißcredit bei den hohen Monarchen", konstatierte Kommandant Bernhard von Arnswald (1807–1877). Die Besucher störte das nicht, ihre Zahl wuchs stetig.

Wiederherstellung im 19. Jahrhundert

GOETHE HATTE DEM GROSSHERZOG im Bewußtsein der Symbolhaftigkeit des Ortes empfohlen, die Wartburg mit Kunstwerken auszustatten. Doch erst nach seinem Tod besann sich das Haus Sachsen-Weimar-Eisenach auf das ‚goldene Zeitalter' des klassischen Weimar, das man nun auch andernorts – auf der von historischen Ereignissen überquellenden Burg der Vorfahren – wiederaufleben lassen und fortsetzen wollte. Nach 1838 veranlaßte der kunstsinnige Erbgroßherzog Carl Alexander (1818–1901) Architekten und Baufachleute, historisierende Um- und Ergänzungsbauten für das Thüringer Stammschloß zu planen. Ein verklärtes Mittelalter in der vermeintlichen Einheit von Fürst und Volk sollte sich in den künftigen neoromanischen und neogotischen Gebäuden widerspiegeln.

Das Nationaldenkmal Wartburg

Die Bemühungen um ein vereinigtes Deutsches Reich fanden ihren ersten deutlichen Ausdruck im Wartburgfest 1817, ihren Höhepunkt in der Revolution 1848 und ihre Niederlage im Jahr darauf. Mit sehr unterschiedlichen Zielsetzungen – geprägt von der Romantik und von dynastischer Restauration der Fürstenhäuser – entstanden Symbole, die an das vermeintlich einige Deutsche Reich im Mittelalter anknüpften. Dazu zählen die Wiederherstellung der Marienburg nach 1817 und die Vollendung des Kölner Doms ab 1842. Das Germanische Nationalmuseum in Nürnberg wurde 1852 gegründet, das sich mit dem deutschsprachigen Kulturraum innerhalb und außerhalb eines etwaigen Reiches beschäftigen sollte. Auch für die Wartburg und ihren historistischen Ausbau fanden künftig Begriffe wie „Gesamtkunstwerk" und „Nationaldenkmal" Anwendung. Sängerstreit, hl. Elisabeth, Luther und das Wartburgfest waren Bestandteile dieses Konzepts, das den Aufbau einer Kunstsammlung einbezog. Trotz begrenzten Raumes erfolgte der Einbau eines Schweizer und eines Nürnberger Zimmers, die aus Hausabbrüchen stammten. Die Sammlungsstücke sollten das Reich in seiner Gesamtheit repräsentieren und den Eindruck erwecken, eine solche Einheitlichkeit sei im Mittelalter schon erreicht gewesen. Tatsächlich gab es im 12./13. Jahrhundert zwei bis drei Dutzend vergleichbare, bedeutende Burgen mächtiger Landesherren.

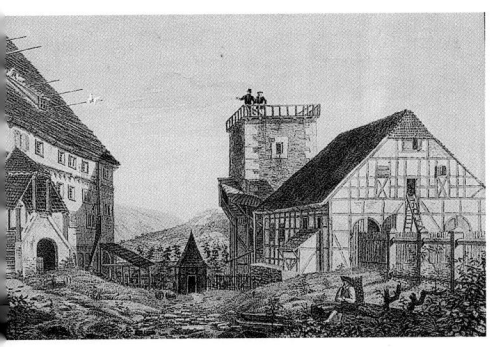

Ferdinand Gropius, Haupthof der Wartburg, Farblithografie, 1823

Simon (1805–nach 1859), beeinflußt von Ludwigs I. Kelheimer Walhalla, oder 1842 vom Münchner Rat Georg Friedrich Ziebland (1800–1873), dem Erbauer von Hohenschwangau. Auf Empfehlung Friedrich Wilhelms IV. befaßte sich der preußische Konservator Ferdinand von Quast (1807–1877) nach 1845 mit Plänen zur Wiederherstellung der Wartburg. Doch auch er konnte nicht überzeugen. Beispielsweise sollten die Umfassungsmauern abgetragen werden, um

Friedrich Wilhelm Sältzer, Hofseite des Palas mit Herzog Johann Ernsts Treppe und Fenstergliederung nach dem Einbau des Zwischengeschosses 1625-1628, Tusche, 1838

Der Eisenacher Baurat Friedrich Wilhelm Sältzer (1780–1853) begann mit einer exakten Bestandsaufnahme der vorhandenen Substanz und der Sicherung des Palas. Letzterer sei das einzig erhaltenswerte Gebäude und geeignet, ein Museum, „eine Zentralgalerie vaterländischer Altertümer" aufzunehmen; der Neubau eines ‚Lutherturms' wurde in Erwägung gezogen. In der Folgezeit entstanden unterschiedlichste Entwürfe, so die des Weimarer Malers Alexander

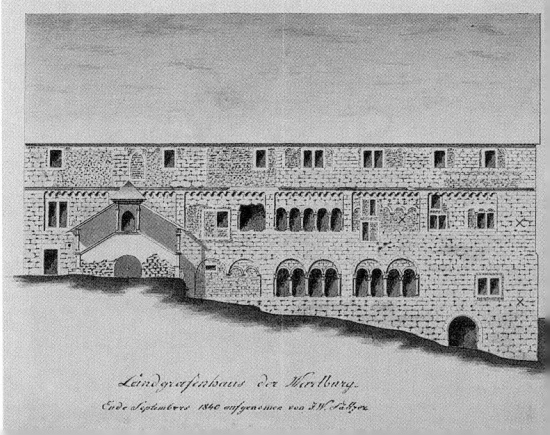

bessere Aussicht zu gewähren. Der von Gottfried Semper dominierte Deutsche Architektentag 1846 in Gotha verwarf Quasts Entwürfe.

Einer der Teilnehmer, Hugo von Ritgen, Architekturprofessor an der Gießener Universität, war von der Idee der ‚Wartburgerneuerung' so fasziniert, daß er sie umgehend in einem 140 Seiten umfassenden Manuskript an den Erbgroßherzog sandte. Ritgen schien endlich die geeignete Persönlichkeit zu sein, die Burg als nationales Denkmal und Gesamtkunstwerk aufzuwerten und dadurch für die ersehnte dynastische Propaganda zu sorgen: „Die Wartburg, welche Fülle von Erinnerungen knüpft sich für jeden Deutschen an diesen Namen! Wo steht die Burg, die ihr gleichkäme an geschichtlicher Bedeutung, an poetischer Weihe? Noch stehen die gewaltigen Mauern, noch ragen ernst und ehrwürdig das hohe Haus und das Ritterhaus weit empor über Thüringens Gaue und mahnen als treue Zeugen uns an deutsche Heldengröße, deutsche Kraft und deutsche Poesie.

Mit Bewunderung schaut Deutschland auf solch wahrhaft königliches Beginnen, aber wie mit frohem Hoffen, so auch mit ernstem, sorglichen Blick. Deutschland hat ein geistiges Eigentum an der Wartburg errungen."

In der zweiten Hälfte des 19. Jahrhunderts erfuhr die Burg aus dieser Geisteshaltung heraus eine ihrer bedeutendsten Bauphasen. Die Arbeiten wurden durch ein umfangreiches künstlerisches Schaffen begleitet, das in Moritz von Schwinds (1804–1871) Freskenzyklen im ersten Palas-Obergeschoß und in der Ausstattung des Festsaals gipfeln sollte. Für den Landesherrn war die Burg ein Denkmal seines Hauses, dem nationale Bedeutung zukam und mitunter als ‚deutscheste aller deutschen Burgen' bezeichnet wurde. Großherzog Carl Alexander starb 1901. Kaiser Wilhelm II. sorgte für eine postume Würdigung des Werkes und stiftete das 1902–1906 in der Elisabethkemenate angebrachte Glasmosaik.

Friedrich Wilhelm Sältzer, Grund- und Aufrisse der Wartburg, Tusche, 1838/1846

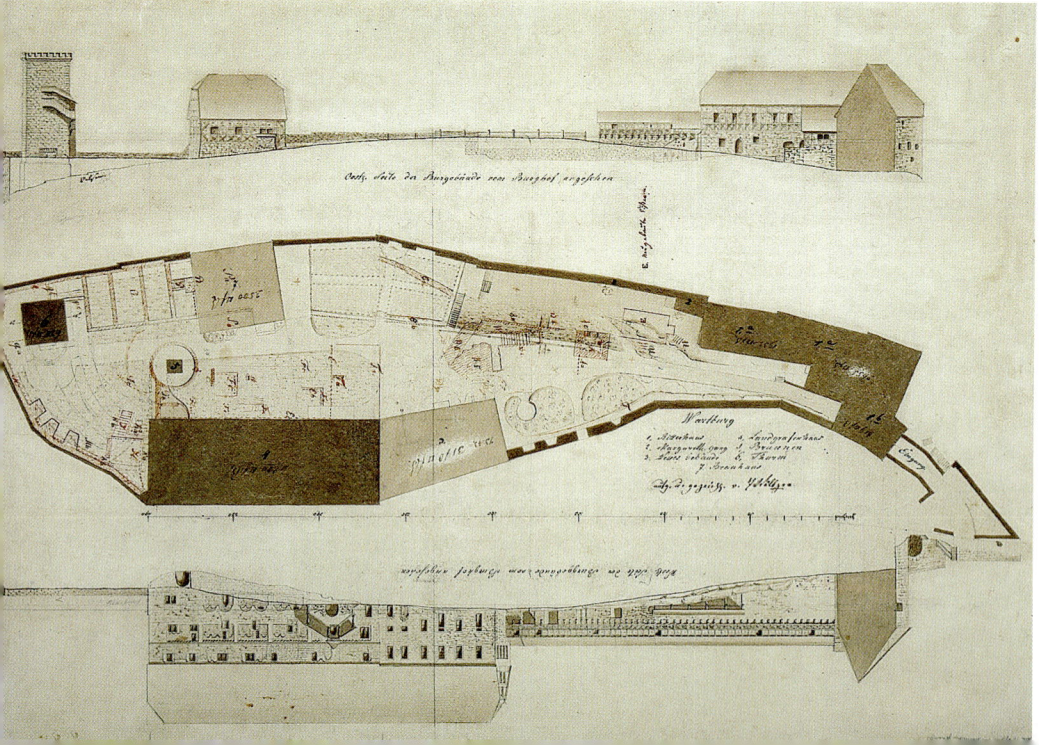

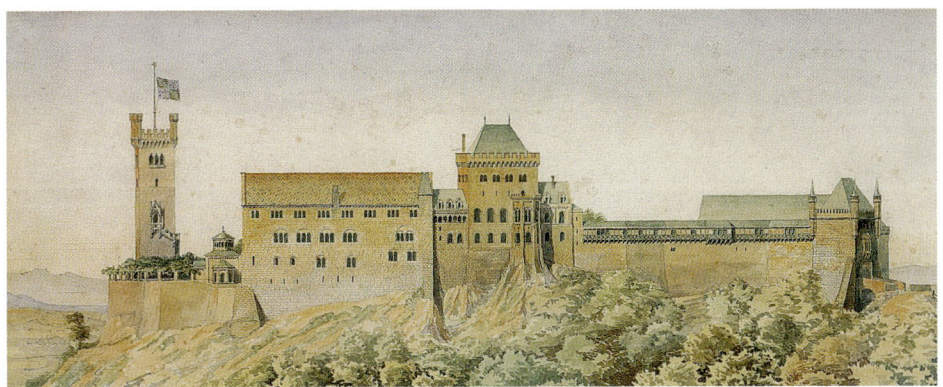

Ferdinand von Quast, Entwurf für die Wiederherstellung der Wartburg, Aquarell, 1846

Der Wartburg-Architekt Hugo von Ritgen

„Die Wartburg soll wieder hergestellt werden möglichst treu in ihrer frühern Gestalt, damit sie ein treues Bild gebe zunächst von ihrer Glanzperiode im 12. Jahrhundert als Sitz mächtiger kunstliebender Landgrafen, und als Kampfplatz der größten deutschen Dichter des Mittelalters; und dann später im Anfange des 16. Jahrhunderts als Asyl Dr. M. Luthers und als die Stelle, von der der große Glaubenskampf ausging." – so lautete Ritgens Motto. Nicht alle in seiner Abhandlung unterbreiteten Ideen gelangten zur Ausführung; finanzielle Probleme vereitelten die Wiedererrichtung des Torturms und den wehrhaften Ausbau der Schanze.

Ritgen war 1811 in Stadtberge/Westfalen geboren worden. Bei Georg Moller in Darmstadt hatte er Architektur studiert und kam durch die Auffindung der Bauzeichnungen zum Kölner Dom mit mittelalterlichem Bauen in Berührung. Nach der Promotion 1833 über Stahlbau folgten Studienreisen durch Westeuropa und ein Parisaufenthalt. Zwei Jahre später trat er in den Lehrbetrieb der Gießener Hochschule ein und wurde 1843 ordentlicher Professor der Baukunst. Praktische Erfahrungen konnte Ritgen in Hessen und Franken sammeln, erneuerte die Kapelle des Alten Friedhofs in Gießen, arbeitete auf Staufenberg, Gleiberg, in Laubach, Eisenbach, Ludwigseck und auf der Salzburg über Bad Neustadt. Seine Leistungen für die Wartburg lassen sich an der Fülle von Bauzeichnungen und Interieurentwürfen ebenso messen, wie am intensiven Quellen- und Literaturstudium, das er über mehrere Jahre und noch ohne fürstlichen Auftrag absolvierte.

Zunächst übernahm er Sältzers Erbe, der begonnen hatte, den romanischen Palas von den Um- und Einbauten des frühen 14. und der folgenden Jahrhunderte zu befreien. Seine Aufmerksamkeit galt der Schaffung eines hofseitigen Zugangs zum ersten Obergeschoß, der Veränderung der Festsaaletage und der Dachkonstruktion. Nach 1853 entstanden die historisierenden Neubauten: der Bergfried, die Neue Kemenate, Torhalle, Dirnitz und ein Gasthof auf einem westlich vorgelagerten Sporn. 1874–1877 folgte das Gadem und erst Ende der achtziger Jahre entstand das Ritterbad als südlicher Palasanbau. Die Fertigstellung erlebte Ritgen nicht mehr; er starb 1889.

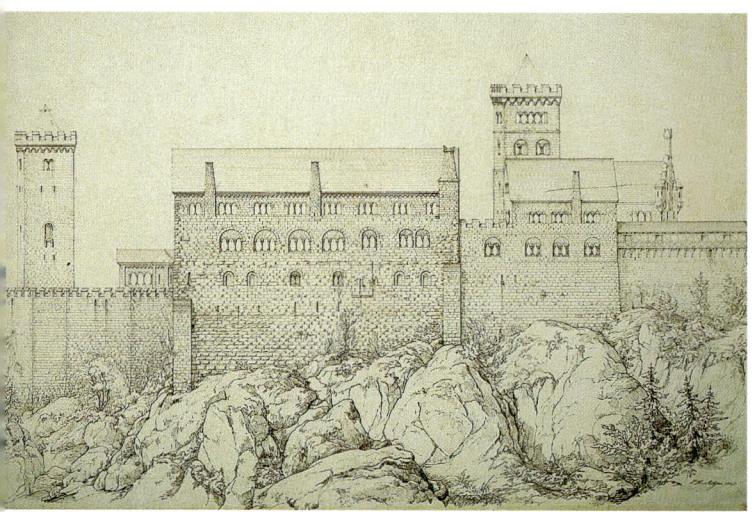

Hugo von Ritgen, Entwurf für die Wiederherstellung der Wart-burg, Bleistift, um 1848

Einheitssymbol, Besuchermagnet und Museum

DIE NOVEMBERREVOLUTION 1918 beseitigte die Monarchie. Wilhelm Ernst, der Enkel des ‚Wart-burg-Erneuerers‘ Carl Alexander, dankte ab. Der Auseinandersetzungsvertrag zwischen dem Haus Sachsen-Weimar-Eisenach und dem Rechtsnach-folger, dem späteren Land Thüringen, regelte für die Wartburg die Bildung einer öffentlich-rechtli-chen Stiftung, die seit 1922 beinahe unangefoch-ten besteht. Der hier seit 1894 tätige Burghaupt-mann Hans Lucas von Cranach (1855–1929), ein direkter Nachfahre des Malers und Lutherfreun-des, wurde im Amt bestätigt und ein Stiftungs-ausschuß gebildet, der sich aus je vier Mitgliedern des alten und des neuen Eigentümers zusammen-setzte. Im gleichen Jahr gründete sich der Verein ‚Freunde der Wartburg‘, mit dessen Spenden-geldern vor allem für die dauerhafte Erhaltung der Fresken Moritz von Schwinds gesorgt werden sollte.

Die Besucherzahlen nahmen stetig zu. Waren es 1918 noch 108 000 gewesen, gab es 1928 bereits 264 000 Gäste. Gezeigt wurden die über

Ritgens Außentreppe zu erreichenden Räume in den Palasgeschossen, die Rüst-kammer in der Dirnitz und die Burgvogtei mit der Lutherstube als ‚krönender‘ Abschluß in einer Zeit schwelenden Konfessions-streits.

Ein erstes, jedoch nicht im allgemeinen Rundgang ent-haltenes kleines Museum richtete 1931 Cranachs Nachfolger, Burghauptmann Hans von der Gabelentz (1872–1946), im Dachge-schoß von Ritterhaus und Vogtei ein. Graphische Wartburgdarstellungen verschiedener Epochen waren zu sehen. Am Ende der Weimarer Republik konnten sich erste Nationalsozialisten im Ausschuß der Wartburg-Stiftung etablieren. 1938 wurde das christliche Kreuz vom Bergfried heruntergerissen

Hugo von Ritgen vor einer Staffage mit der Wartburg, Fotografie, um 1865

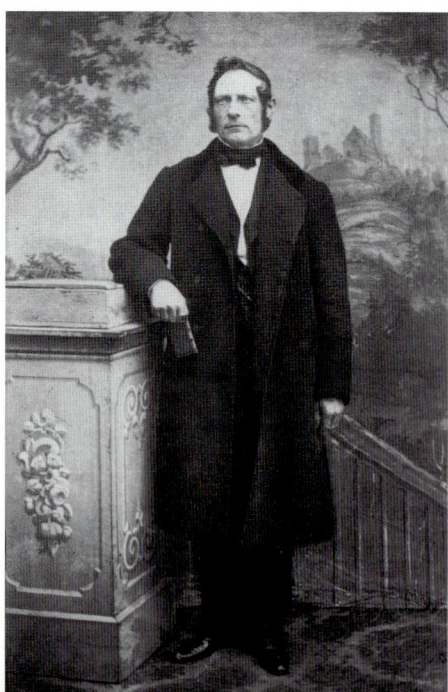

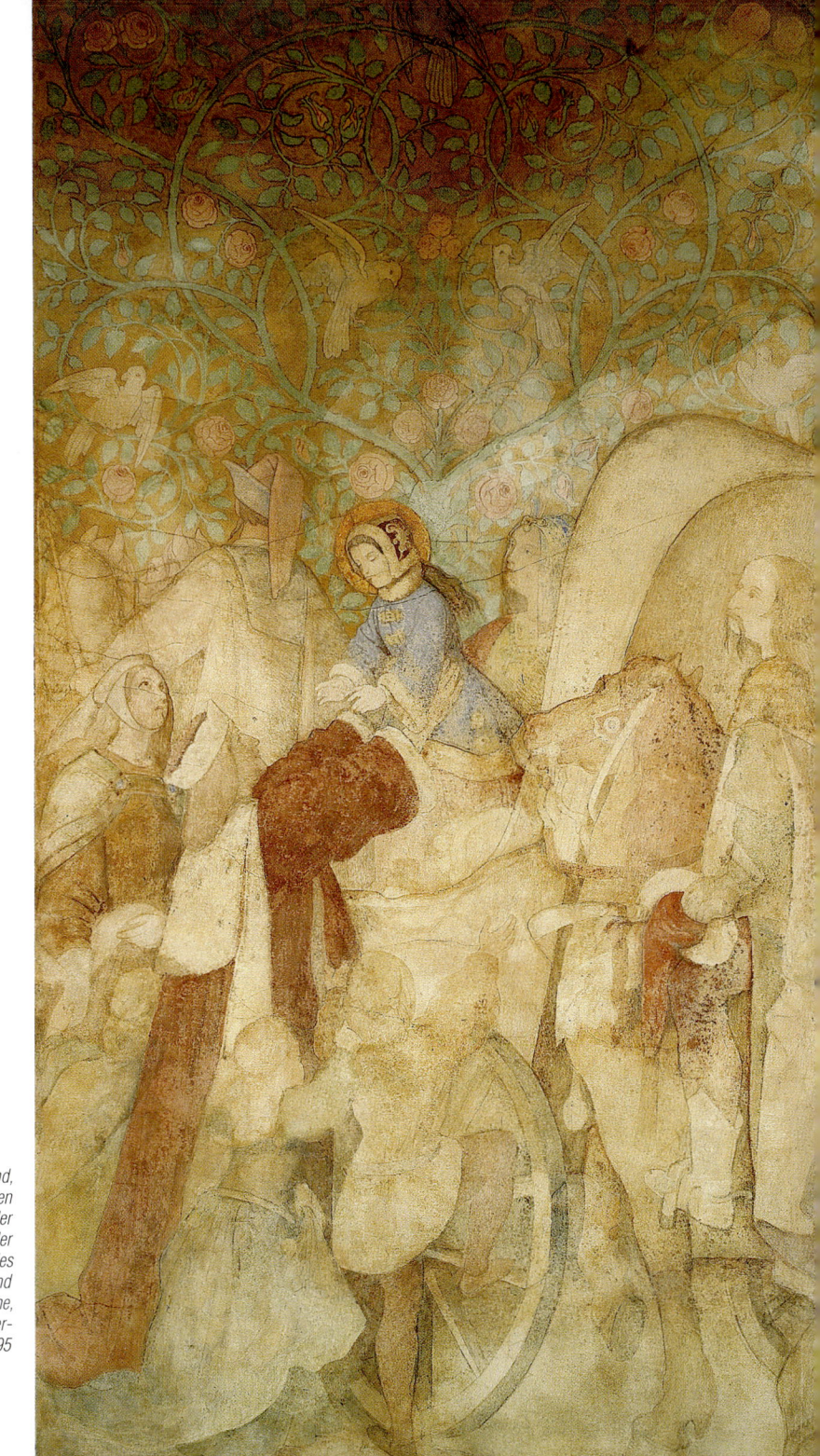

Moritz von Schwind, Ankunft der vierjährigen Elisabeth auf der Wartburg, Fresko in der Elisabethgalerie des Palas, 1855, Zustand nach Abnahme, Festigung und Wiederanbringung 1995

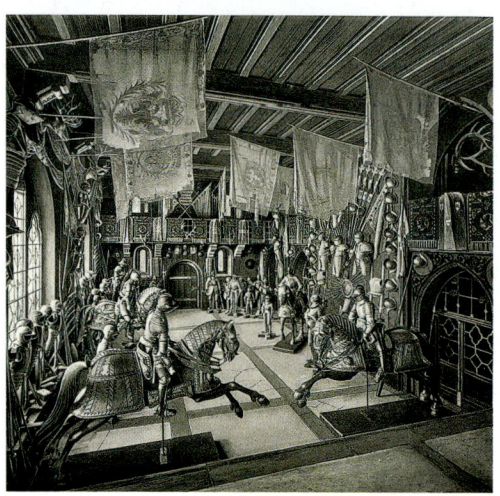

Der Rüstsaal in der Dirnitz, 1867–1946

und durch ein Hakenkreuz ersetzt, das nach vier Tagen aufgrund von Protesten jedoch wieder verschwand. Im Herannahen der Amerikaner Anfang April 1945 kam es zu leichtem Beschuß, der erst endete, als eine weiße Fahne gehißt war. Ab September übernahm die sowjetische Militäradministration die Zuständigkeit für das gesamte Land Thüringen. Die Wiedereröffnung der Wartburg für den Besucherverkehr wurde verfügt, die Rüstkammer jedoch als militaristisches Relikt versiegelt und im darauffolgenden Winter abtransportiert. Als Beutekunst gelangte sie in die damalige Sowjetunion; trotz veränderter Situation fehlt noch immer jegliche Spur.

Die Wartburg-Stiftung

Die Bauwerke der Wartburg mit ihrem Umland – 24 ha parkähnliches Waldgebiet – wurden 1922 in eine Stiftung öffentlichen Rechts überführt. Die Mobilien blieben im Besitz des ehemaligen Eigentümers, durften jedoch nicht entfernt werden. Das Inventar der Wartburg-,Lutherstätten' war 1933 durch die Stiftung und den Evangelischen Kirchenbund zum dauerhaften Verbleib erworben worden.

Die Pflege und Erhaltung des Denkmalensembles und der Kunstsammlung in würdiger Form als europäische Kulturstätte und Denkmal deutscher Geschichte ist gleichermaßen Stifterwille und Stiftungszweck. Gleiches gilt für Präsentation und Vermittlung gegenüber der interessierten Öffentlichkeit aus aller Welt und für die Erforschung der Wartburggeschichte in ihren historischen Zusammenhängen, der Baugeschichte und der Kunstsammlung. Dieser Gedanke spiegelt sich heute in vielfältigen Ausstellungen, Publikationen und Veranstaltungen wider, wie dem Wartburgpreis für Verdienste um die europäische Einigung, der seit 1992 vergeben wird. Im Dezember 1999 erfolgte die Aufnahme der Wartburg in die UNESCO-Liste des Weltkulturerbes.

'Entrestaurierung' und heutige Nutzung

DIE STAATLICHE KUNSTKOMMISSION hatte 1952 den Kunsthistoriker Siegfried Asche (1906–1985) als Wartburgdirektor und gleichzeitigen Vorsitzenden des Stiftungsausschusses eingesetzt; 1960 floh er aus der DDR. Bis dahin erfuhr die Wartburg in Ablehnung der baulichen und künstlerischen Leistungen des 19. Jahrhunderts eine ,Entrestaurierung', einen scheinoriginalen Rückbau.

Diese typische Reaktion der Nachkriegszeit wäre heute nicht mehr denkbar; der Historismus ist als Epoche, als zeitgenössisches Bauen unter Verwendung historischer Stile in der kunstgeschichtlichen Forschung etabliert. Neben dem Fassadenumbau und der Entkernung der Neubauten Ritgens wurden die Außentreppe am Palas entfernt und der Verbindungsbau zwischen Neuer Kemenate und Palas abgerissen. 1954 entstand an dessen Stelle das ,Neue Treppenhaus', einziger Neubau des 20. Jahrhunderts, der die heutige Nutzung des

Palas als Museum und Veranstaltungsort jedoch erst ermöglicht. Der Dresdner Architekt Fritz Steudtner entwarf ein ‚sich zurücknehmendes' Bauwerk mit einer an die Wände gelehnten Innentreppe aus Beton und schmiedeeisernem Geländer. Zuvor hatte der Festsaal einen Fußboden auf einer Stahlbetonkonstruktion erhalten. Die vorgelagerte Arkade, die unteren Palasräume und die Kapelle verloren ihre historisierenden Ausmalungen.

In Vorbereitung der ‚Nationalen Jubiläen' der DDR 1967 – Neunhundertjahrfeier der Wartburg, 450. Jahrestag des Beginns der lutherischen Reformation und 150. Wiederkehr des Wartburgfestes der deutschen Burschenschaften – erfuhr das Fachwerk des Vorhofes eine gründliche Sanierung. Vor Luthers 500. Geburtstag 1983 erfolgten der Einbau weiterer Stahlbetondecken in den Palas und eine umfassende Restaurierung des Landgrafenhauses. Nach der Wiedervereinigung konnten Bundes- und Landesregierung umfassend Mittel zur Verfügung stellen, um die Bausubstanz des mittelalterlichen Bestandes und die Malereien Moritz von Schwinds dauerhaft zu sichern.

Ein Totalverlust des Freskos ‚Ankunft der vierjährigen Elisabeth auf der Wartburg' in der

Grundriß der Wartburg
(aus: Max Baumgärtel:
‚Das Wartburg-Werk', 1907)

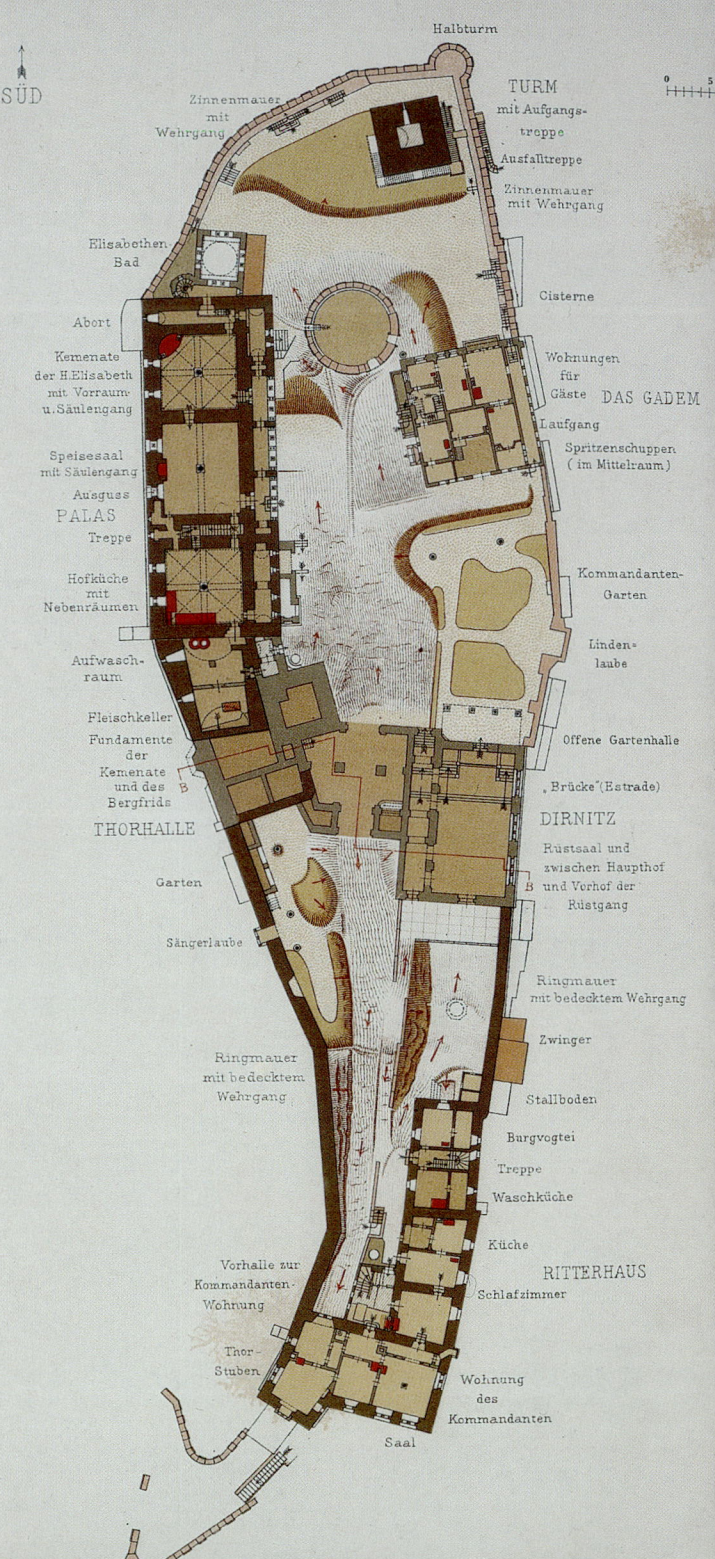

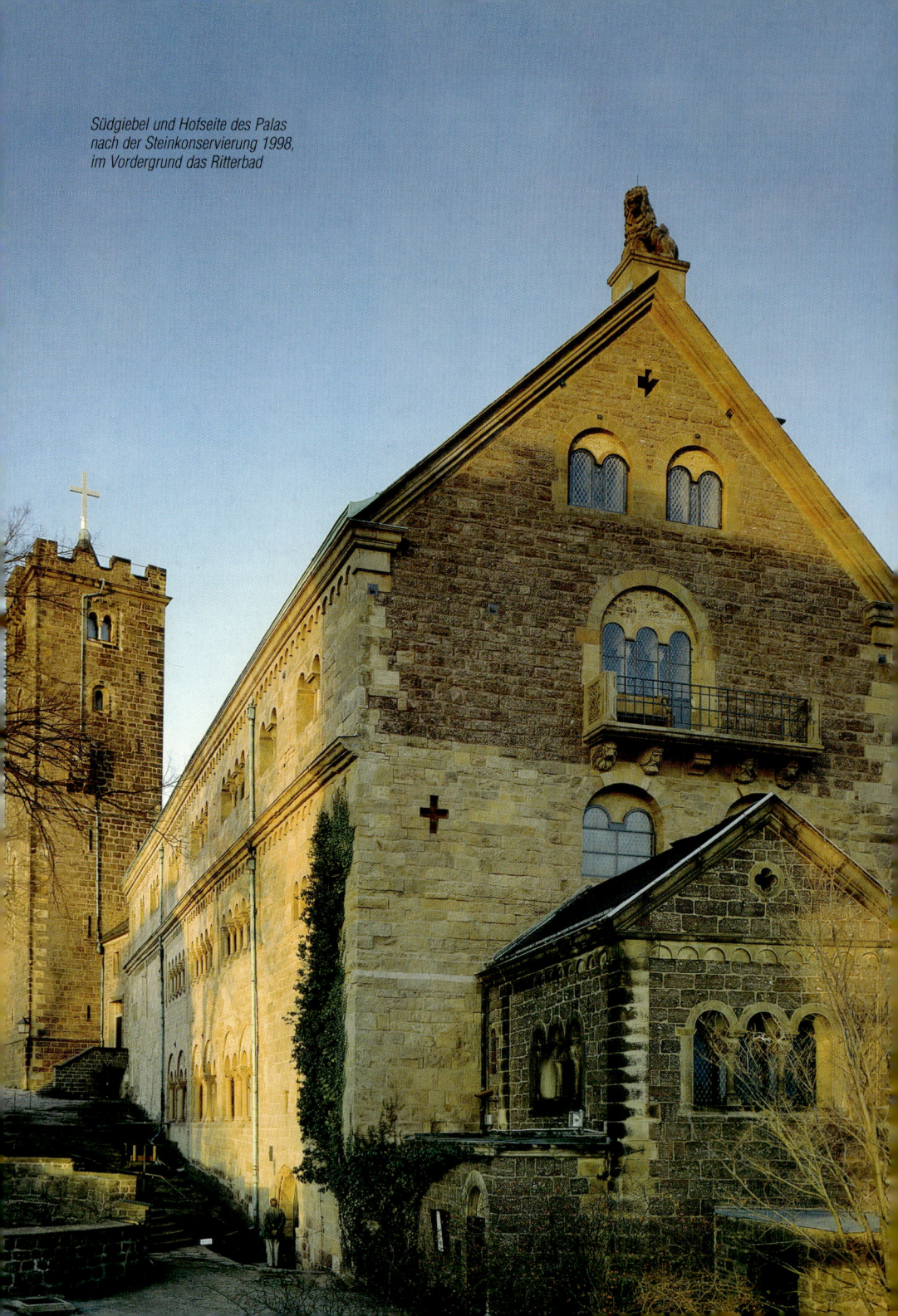

Südgiebel und Hofseite des Palas nach der Steinkonservierung 1998, im Vordergrund das Ritterbad

Arkade des ersten Obergeschosses konnte durch Abnahme, Festigung auf neuem Träger und anschließende Wiederanbringung verhindert werden. Ein Pilotprojekt der Steinkonservierung der Fassaden des Palas begleitet das Thüringische Landesamt für Denkmalpflege. Sämtliche Bausubstanz wird im ‚gewachsenen' Verbund belassen. Verlorene Oberflächen und Kubaturen werden mit neu entwickelten Steinergänzungsmassen bearbeitet, verfugt und lasiert. Baulichen Veränderungen der Jahrhunderte bleiben somit weitgehend sichtbar. Das begleitende analytische Aufmaß, die Datierung der Materialien und ihre wissenschaftliche Dokumentation bilden ihrerseits die Grundlage für die moderne Bauforschung.

Hofseite des Palas vor der Steinkonservierung

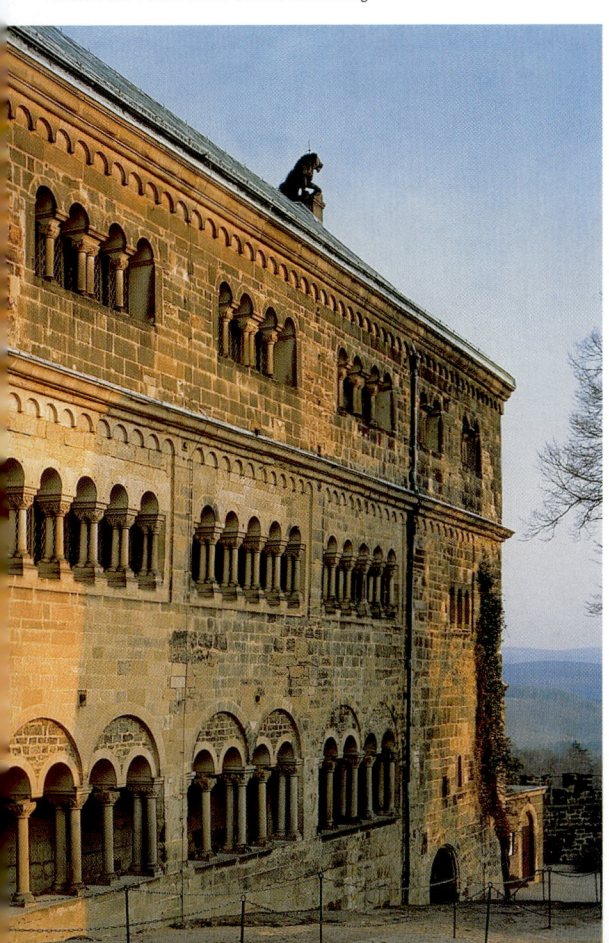

Notizen zur Baugeschichte

DIE UNVERWECHSELBARE SILHOUETTE der heutigen Burg deckt sich weder mit der Gründungsgestalt noch mit der Burg der Thüringer Landgrafen im Zenit ihrer Macht. Manches konnte die Bauforschung der vergangenen Jahrzehnte ans Tageslicht bringen, vieles ist durch die Umbauten der Jahrhunderte verloren gegangen. Vier Bauzeiten bestimmen die heutige Erscheinung der Wartburg vorrangig. Als Hauptbauepoche des Palas sind die Jahre um 1157/1162 gesichert, lediglich das oberste Geschoß wurde wenige Jahre später aufgesetzt. Der Zeit um 1200 gehört der romanische Torbogen an, der innerhalb des Torgebäudes der vorderen Burg erhalten ist.

Umfangreiche spätmittelalterliche Bauteile bestimmen diese Vorburg. Weite Teile des Torhauses, des anschließenden Ritterhauses, der Vogtei und die Wehrgänge wurden 1478–1480 in Fachwerk errichtet. Besonders umfangreich sind die Bauten des Historismus. Dieser Epoche gehören der ‚Bergfried' mit der ‚Neuen Kemenate', die Torhalle und die ‚Dirnitz' in der Mitte der Burg an, ferner das Gadem und das an den Palas angefügte ‚Ritterbad', vor allem aber die Ausstattung des Palas mit den berühmten Fresken Moritz von Schwinds und der Festsaal. Jüngste bedeutende Erweiterung ist das Wartburghotel, das in den Jahren 1912–1914 als bemerkenswerter späthistoristischer Neubau entstand, der eine moderne Funktion mit mittelalterlichen Formen zu verbinden suchte.

Die Wartburg im heutigen Zustand.
Zeichnung: Elmar Altwasser

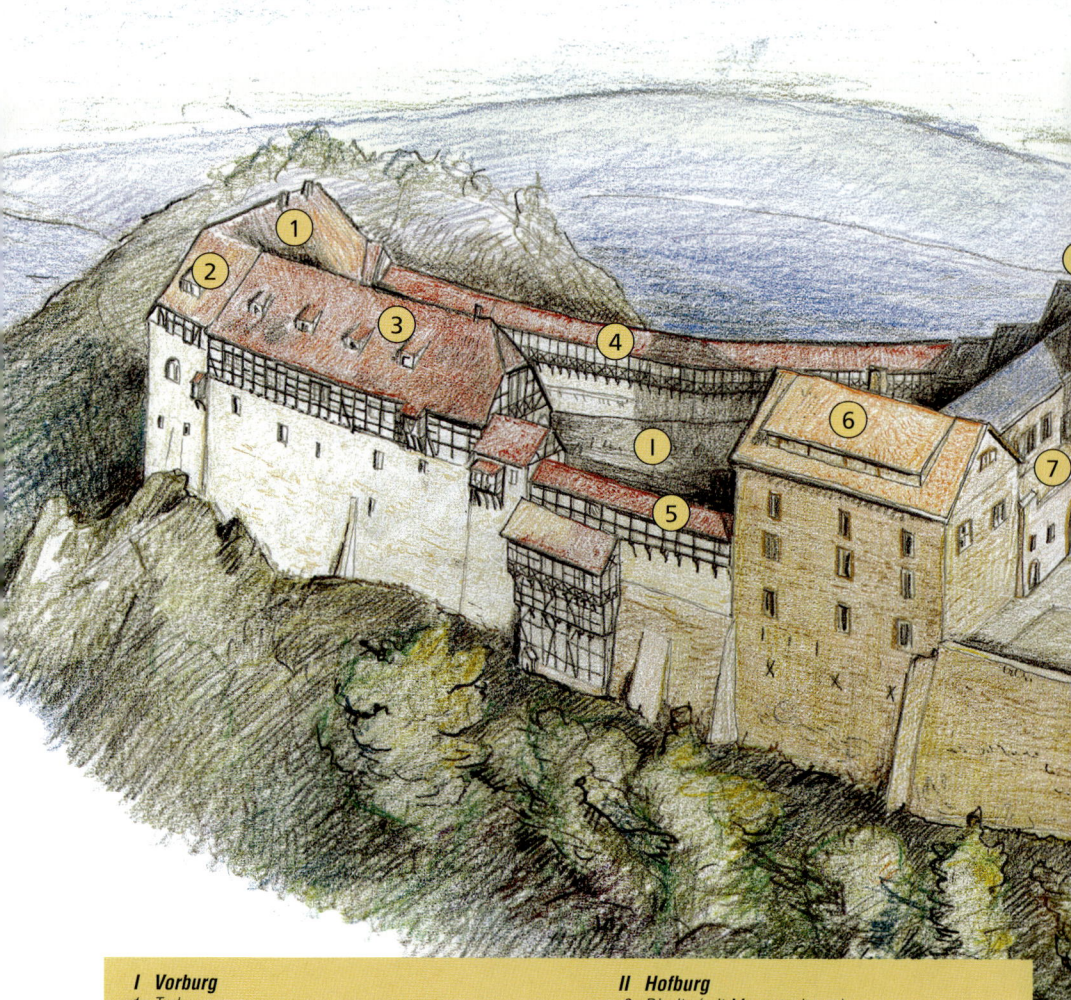

I	Vorburg	II	Hofburg
1	Torhaus	6	Dirnitz (mit Museumskasse)
2	Ritterhaus	7	Torhalle mit Dirnitzlaube
3	Vogtei	8	Neue Kemenate (verdeckt)
	mit Lutherstube	9	Bergfried
4	Elisabethengang	10	Neues Treppenhaus
5	Margarethengang	11	Palas
		12	Gadem
		13	Große Zisterne
		14	Ritterbad
		15	Südturm

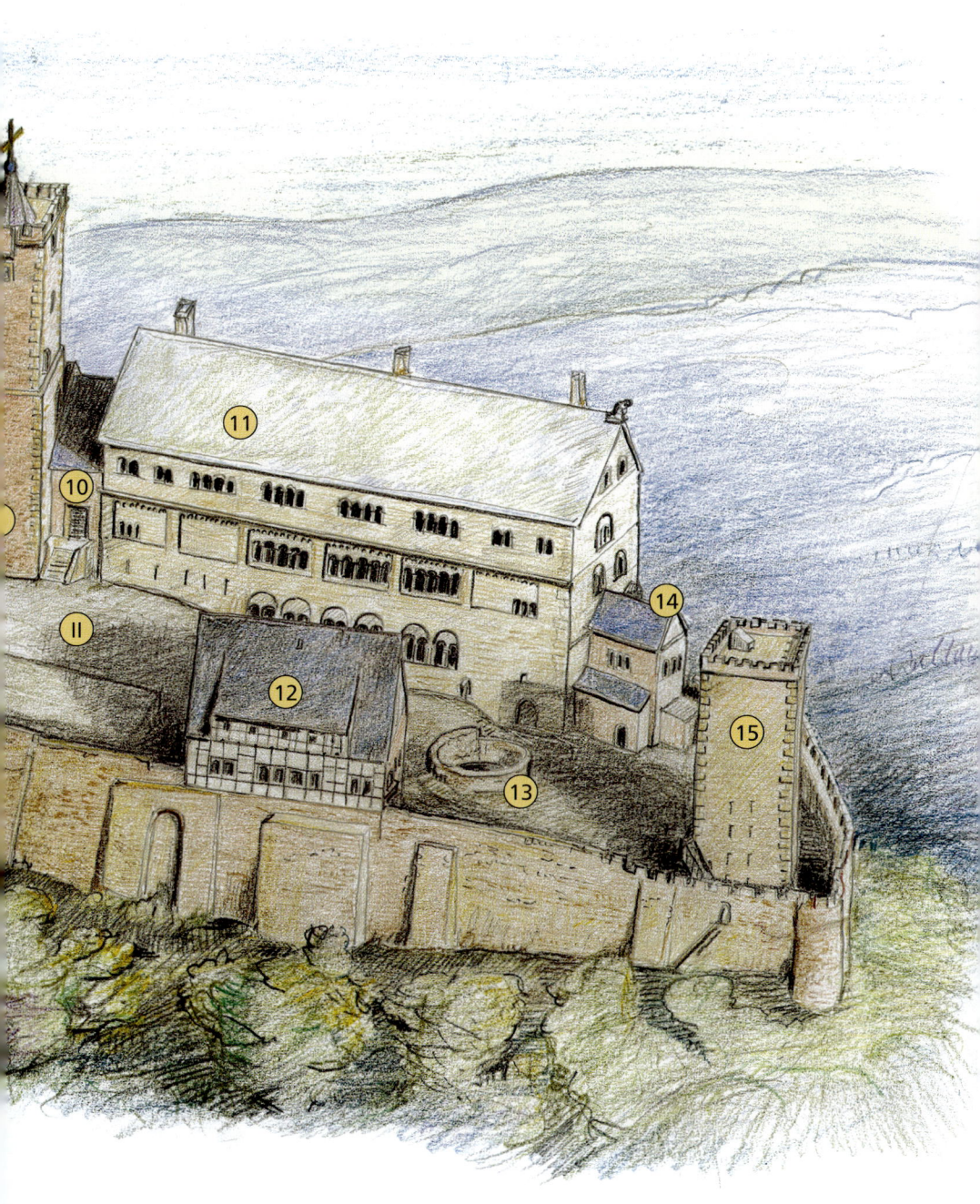

Burgenkunde und Burgenforschung

Als Burgenforschung wird eine Methode bezeichnet, die sich zur Erforschung der Burg mehrerer Wissenschaftsfächer bedient, vor allem der Baugeschichte, ferner der Kunstgeschichte, der Mittelalterarchäologie, der Geschichte, geschichtlicher Hilfswissenschaften (Numismatik – Münzkunde, Heraldik – Wappenkunde, Inschriftenforschung usw.), sowie naturwissenschaftlicher Methoden, die in Verbindung mit einem gründlichen Bauaufmaß zu umfassenden und genauen Erkenntnissen über die Burg gelangt.

Hiervon unterschieden wird die Burgenkunde, die nicht Neues erforscht, sondern insbesondere den schon um 1900 erreichten Forschungsstand verkündet. Dabei wird oft von überlieferten Meinungen ausgegangen. („-kunde" ist in der Regel die Bezeichnung für ein Schulfach).

Die wichtigsten Fragen der Burgenforschung sind: Wer hat die einzelnen Bauteile der Burg wann und wofür errichtet bzw. umgebaut? Welche historische Bedeutung hatten die verschiedenen aufeinander folgenden Bauzustände? Wer hat sie wie genutzt? Was ist hiervon erhalten geblieben? Wie sehen diese erhaltenen Teile heute aus, wie waren sie ursprünglich? Welche historische Relevanz hatte der mittelalterliche Burgenbau im allgemeinen und welche Rolle darin besaß das einzelne Bauwerk?

Ein Rundgang durch die Wartburg

WIRKT DIE WARTBURG aus der Entfernung wie auf einer sanften bewaldeten Hügellandschaft gelegen, erweist sich ihr Standort aus der Nähe als schroffer und steil aufragender Felsen, 200 Meter über dem Tal des Werra-Nebenflusses Hörsel und über der Stadt Eisenach. Unweit der ehemaligen innerdeutschen Grenze wurde sie zum Symbol von Teilung und deutscher Einheit.

Die hohe Kuppe rotliegenden Konglomeratgesteins bildet um ihre Nord-Süd-Achse ein flaschenförmiges Areal von maximal 180 x 45 Metern. Die einzige Zugangsmöglichkeit besteht im Norden.

Lage und Zugänge

IN LANGEN SERPENTINEN windet sich heute die Autostraße vom südlichen Stadtrand Eisenachs zum Parkplatz unterhalb der Burg, von dem aus ein aufsteigender Weg zu Fuß zu gehen ist (ein Kleinbus bietet Fahrmöglichkeit für ältere und behinderte Menschen). Seit 1900 kann ein Teil dieses Wegstücks im Sommer auch auf dem Rücken eines Esels zurückgelegt werden – bis 60 kg Last dürfen die Grautiere tragen –, eine

Fundament des 1477 eingestürzten Fischerturms

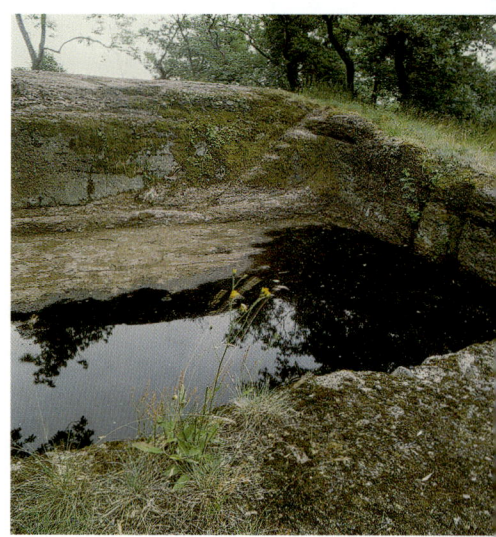

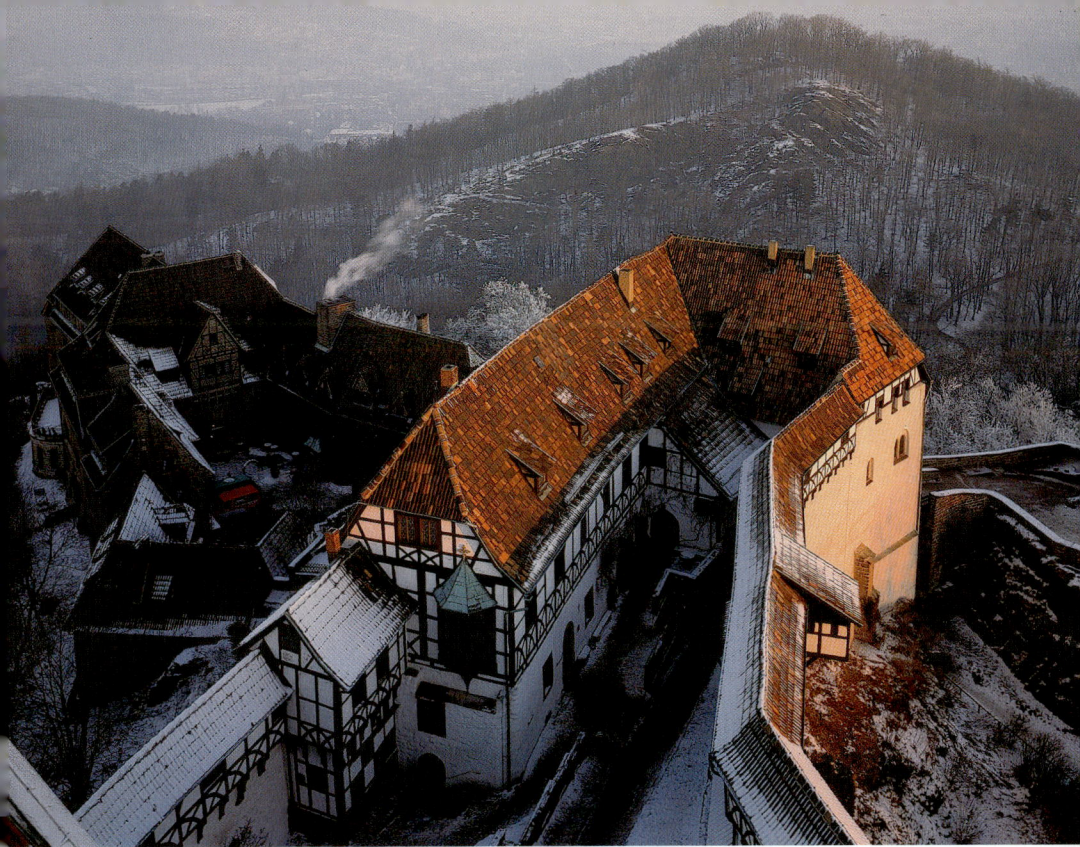

Blick vom Bergfried auf Vorburg und Wartburghotel

Kinderbelustigung, die die Zeiten überdauert hat. Die historischen Zugänge dürften eher den beiden Fußwegen entsprechen, die sich vom Eisenacher Marktplatz über den Burgweg und vom Predigerplatz über den Schloßberg als kürzeste Verbindungen anbieten.

Von der schmalen Straße zur Burg und zum Hotel (nicht öffentlich befahrbar) zweigt ein kleiner Stichweg zu einem Vorwerk ab, von dem lediglich noch das in den Fels gehauene Fundament eines völlig verschwundenen Turms mit Pfostenlöchern und Wasserrinne erhalten ist; vermutlich stand hier der 1477 eingestürzte ‚Fischerturm'. Das hinter dem künstlich geschaffenen Halsgraben anschließende Areal hat für die Anlage einer Burg ideale Bedingungen geboten. Das anstehende Gestein konnte in Analogie zur Stammfeste Schauenburg unmittelbar als Baumaterial genutzt werden.

Der Gasthof

1860–1861 HATTE GROSSHERZOG CARL ALEXANDER westlich der Vorburg einen Gasthof errichten lassen, der 1894 durch Anbau eines Saales und darüberliegende Fremdenzimmer erweitert wurde, jedoch bereits 1912 einem noch größer angelegten Nachfolger Bodo Ebhardts weichen mußte. Der Autodidakt und Burgenkenner nahm während seiner Hochzeitsreise 1891 im Wartburg-Gasthof Logis. Burghauptmann Hans Lucas von Cranach empfahl Ebhardt eine Tieferlegung des Geländes, um sich deutlich von der Burg abzusetzen und ein größeres Plateau zu erhalten. Erst der 14. Entwurf fand großherzogliche Zustimmung. Baubeginn auf dem um acht Meter heruntergesprengten Felsen war Ende April 1913 und am 20. März des Folgejahres bereits Eröffnung. Der Straßburger Maler Leo Schnug, der Ebhardts Bücher illustrierte, schuf

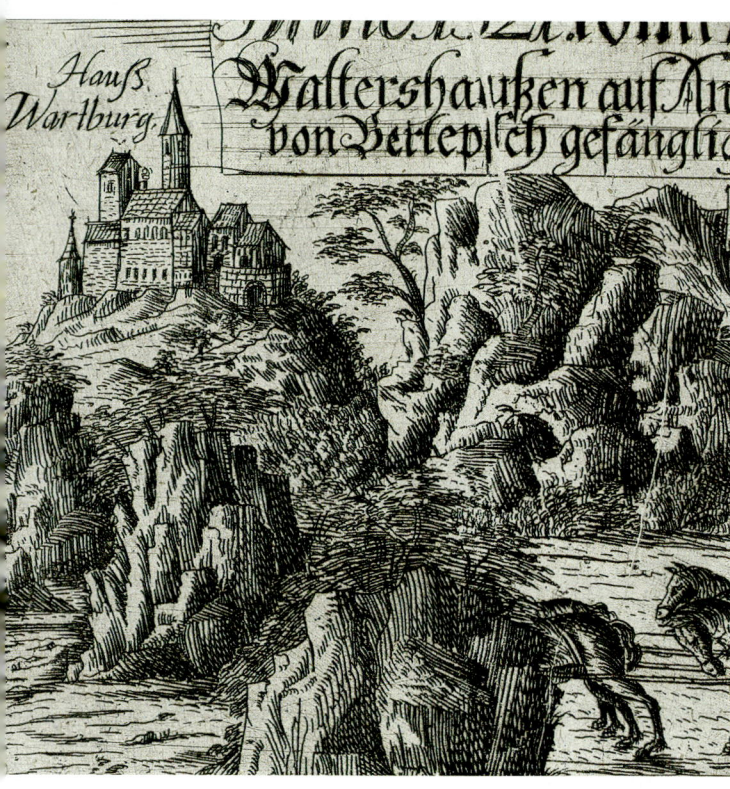

Älteste bekannte Wartburg-
darstellung, Detail eines
Kupferstichs, der die Entführung
Luthers auf die Wartburg schildert,
um 1590

Hauß Wartburg.

Waltershaußen auf An
von Berlepsch gefänglic

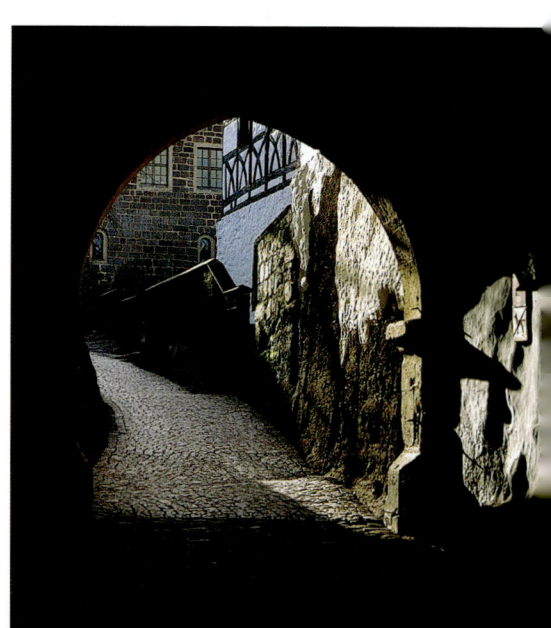

Blick durch das Torhaus
in die innere Vorburg

die Wandmalereien in den Gasträumen, die
lediglich im Wappensaal erhalten sind. Das
Bauwerk ist ein herausragendes Beispiel für
eine ‚Burgenarchitektur' im späten Historismus.

Die äußere Vorburg

FISCHERTURM und vorgelagerter Halsgraben
waren nur ein Teil der äußeren Befestigungsan-
lagen, die sich vor allem im Westen befanden,
um den Zugang zur Hörigensiedlung am Her-
rensteig (heute Ehrensteig) zu sichern. Auf
einem Plan des Jahres 1666 sind auf der
Kuppe, die für den Bau des heutigen Wartburg-
hotels heruntergesprengt worden war,
Palisaden eingezeichnet.
Geblieben ist eine nordöstlich vorgelagerte
zungenförmige Fläche, die **Schanze.** Älteste

Wartburgdarstellungen geben einen Ravelin wieder, den Goethe kurz vor dem Abriß 1782 als Bollwerk mit Fachwerkaufsatz zeichnete.

Die innere Vorburg

ZUM TORHAUS FÜHRT eine erneuerte hölzerne Zugbrücke; die frühere war 1798 zunächst durch einen gemauerten Übergang ersetzt worden. An der Außenseite, der Nordfassade des Torgebäudes, dominiert heute ein flacher Erker mit zwei rundbogigen Fenstern und darüberliegender Rosette, der sich für den flüchtigen Betrachter harmonisch einzuordnen scheint, jedoch erst ein Element des 19. Jahrhunderts ist. Die Durchfahrt enthält drei Tore. Der erste Bogen, neben dem die Ketten der Zugbrücke durch das Mauerwerk geführt werden, ist ebenso spätgotisch wie das

Tor mit schwerem Eichenholzflügel, Eisenbeschlägen und einer kleinen Schlupfpforte, dem ‚Nadelöhr'. Mit wenig Abstand folgt dahinter der romanische Torbogen aus der Zeit um 1200, der einzig deutliche Rest der romanischen Vorburg, der ursprünglich das äußere Tor bildete. Die das Torhaus einfassenden Bauteile wurden bislang nicht detailliert untersucht und sind daher nicht genau zu datieren, aber einer mittelalterlichen Bauphase zuzuordnen.

Zwischen dem zweiten und dem dritten Tor des ehemaligen Torturms gelangt man rechter Hand in das Kellergeschoß des Ritterhauses, in dem sich vermutlich schon immer die Wachbesatzung aufhielt. Für die Umgebung fungierte sie bis ins 19. Jahrhundert hinein auch als Feuerwache; ‚Lärmkanonen' auf dem Ravelin wurden in die jeweilige Himmelsrichtung gedreht und gezündet.

Torhaus und Ritterhaus von Norden, links der ‚Elisabethengang'

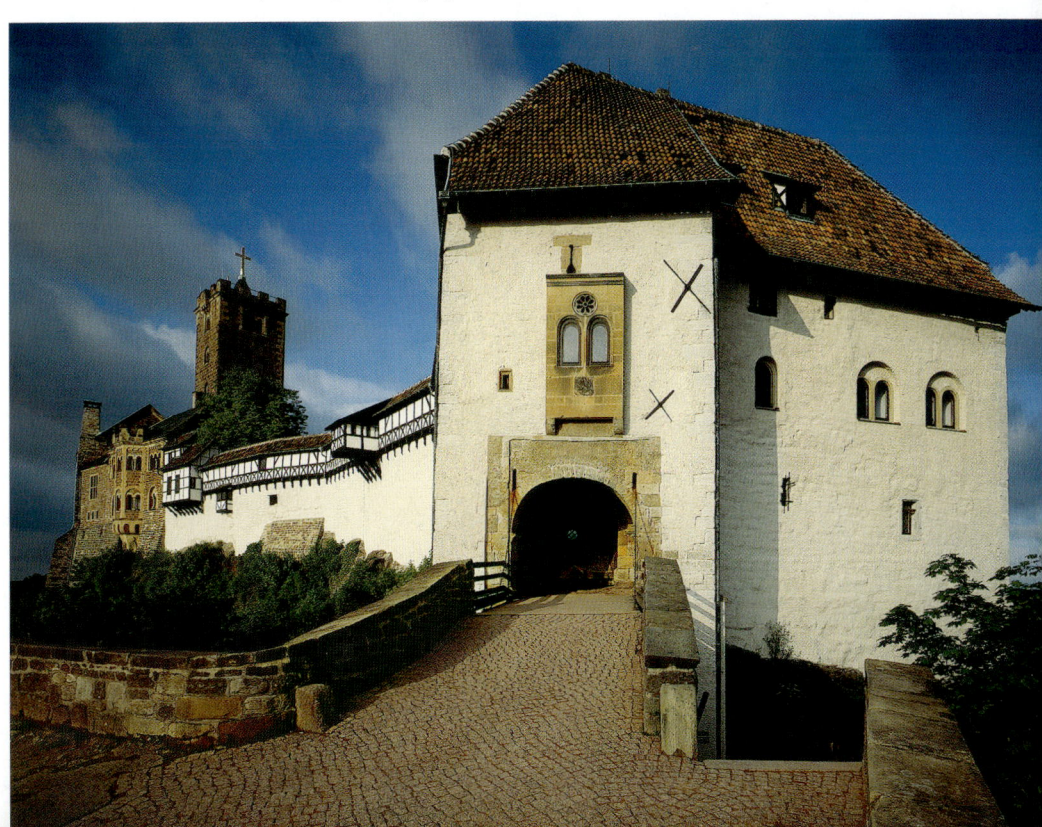

Über der Durchfahrt befindet sich ein repräsentatives erstes Obergeschoß, das sich in zwei Torstuben gliedert und heute durch einen südlichen Zugang über die Diele des Ritterhauses erschlossen wird. Dem Kastellan bot sich ein weiter Ausblick. Von der großen Stube im Norden konnten die Wege, die vorgelagerte Schanze, die gesamte Stadt und die Umgebung eingesehen werden. Die kleine Stube im Süden erlaubte die Beobachtung des Geschehens auf dem Burghof. Der spätere Treppenaufgang von der Diele zum Obergeschoß der Vogtei entstand bei den Umbauten, die Herzog Johann Ernst während des Dreißigjährigen

Krieges veranlaßte. Oberhalb der Traufe des Mansarddaches gehen die Mauern in Fachwerk über und korrespondieren mit dem älteren anschließenden östlichen Wehrgang.

Hinter dem dritten Tor führt der gehauene Fahrweg, der zur Abmilderung der Steigung in den Felsen geschlagen werden mußte, auf die Kernburg zu. Gerahmt wird der Weg durch das Fachwerk des Wehrgangs (‚Elisabethengang') auf der östlichen Seite. Gegenüber grenzen das **Ritterhaus** und die **Vogtei** mit dem 1478–1480 datierten Fachwerk an, die heute äußerlich als gemeinsamer Baukörper wirken, im Innern jedoch deutliche Geschoßversprünge verzeichnen. Sie mögen Aufenthaltsort der für Sicherheit und Bewachung zuständigen Bediensteten der Wartburg gewesen sein, gleichzeitig auch ‚Kavaliersgefängnis' – erleichterter Strafvollzug für Vertreter gehobener Stände. Das Fachwerk fällt durch für die zweite Hälfte des 15. Jahrhunderts typischen leicht spitzbogig gekrümmten Andreaskreuze auf. An der Südseite der Vogtei wurde 1872 ein hölzerner spätgotischer Erker (heute eine Kopie) angebracht, der beim Abbruch des Harsdörferschen Hauses in Nürnberg geborgen worden war. Dennoch ist die Südansicht der Vogtei trotz dieser Veränderung – der Erker ist älter als das Bauwerk und viel zu repräsentativ – eines der beliebtesten Wartburg-Motive. Das Innere ist während des Museumsrundgangs zu besichtigen und enthält die Lutherstube.

Ein anschließender Bau mit östlichem Schützenerker (heute ‚Eseltreiberstübchen') und hofseitigen Taubenschlägen verbindet die Gebäude der Vorburg mit dem ‚Margarethengang', dem westlichen Wehrgang,

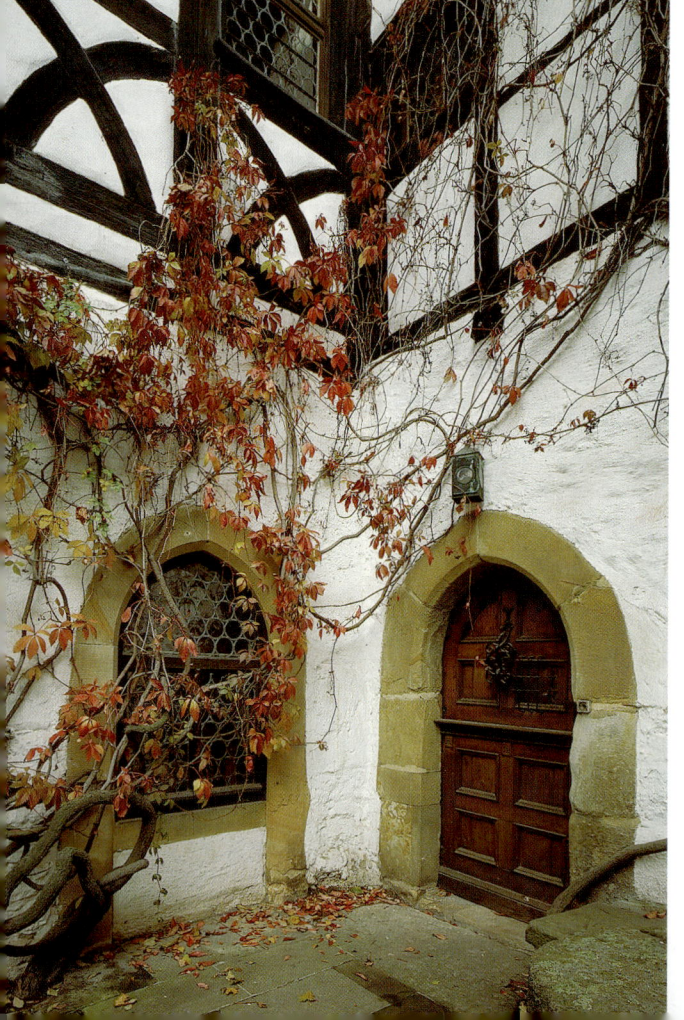

Eingang des Ritterhauses

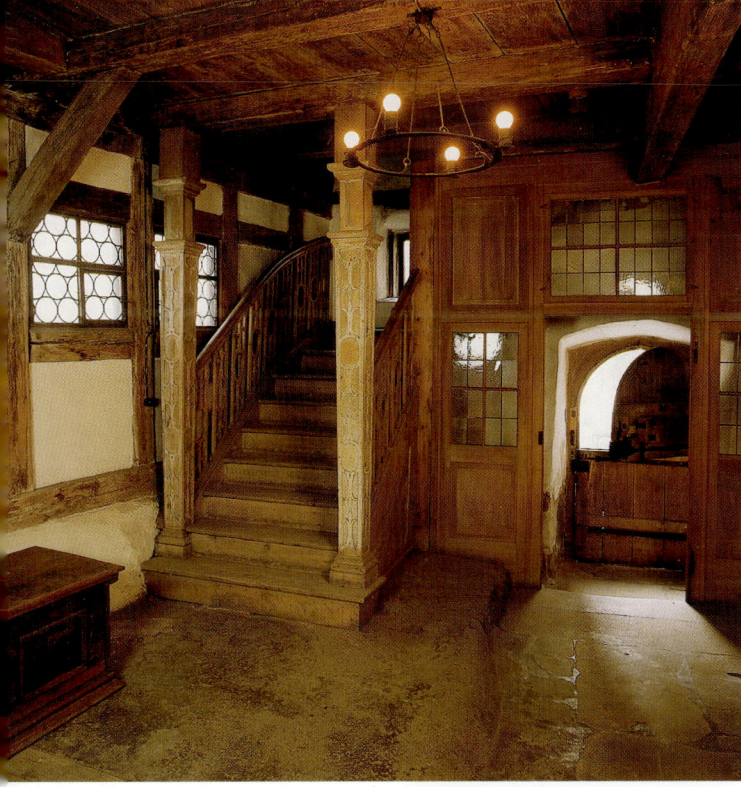

der bis an die Dirnitz des 19. Jahrhunderts reicht. Auf der gegenüberliegenden Seite geschieht dies gleichermaßen, als ‚Elisabethengang' zwischen Torhaus und Neuer Kemenate. Die häufigen Umbauten erschweren eine Rekonstruktion des hochmittelalterlichen Bestandes des vorderen Hofes. Die Wehrgänge jedoch sitzen auf dem älteren Bering auf, der spätestens der Bauphase um 1200 zuzuordnen ist. Die Mauerstärke beträgt immerhin bis zu 1,7 Meter. Aufgesetzte Knaggen – vorkragende Holzkonsolen – sind mit Querhölzern und den Ständern des Fachwerks verzapft. Das Dach wird im Innern durch offene Stichbögen oder Trapezkonstruktionen aufgenommen; ein vorgelagerter Schützenerker im Osten diente dem besseren Überblick.

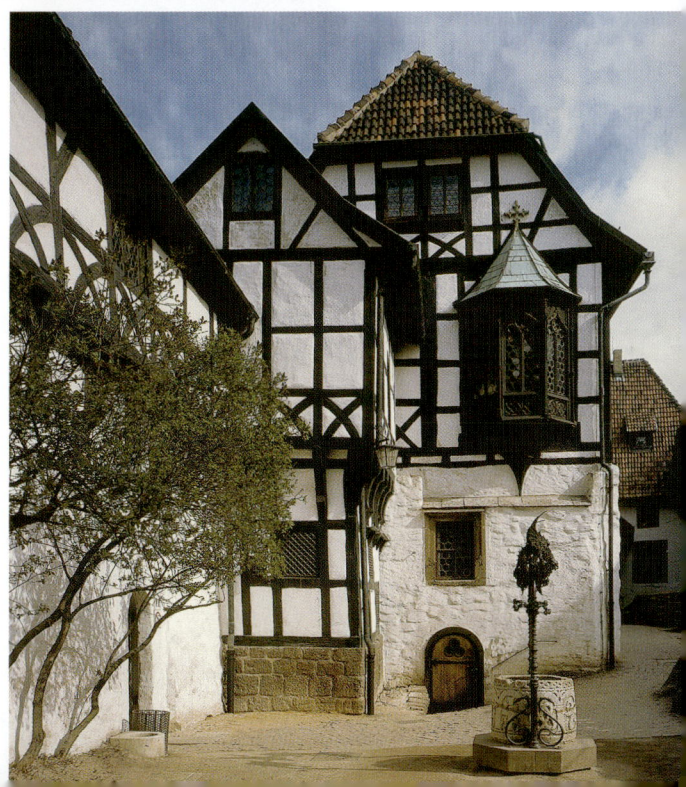

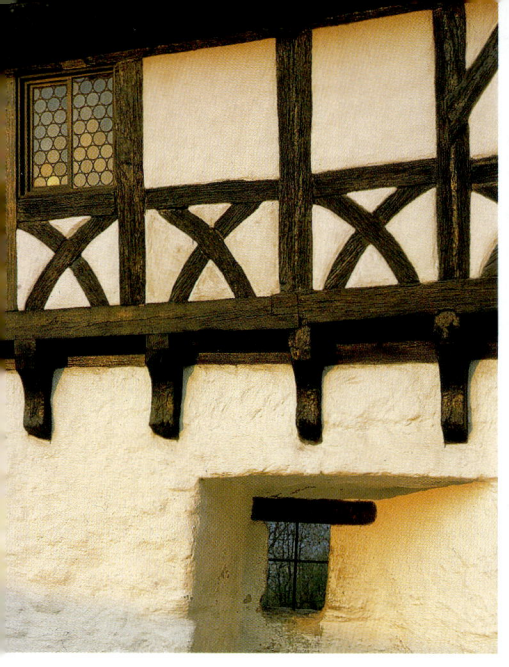

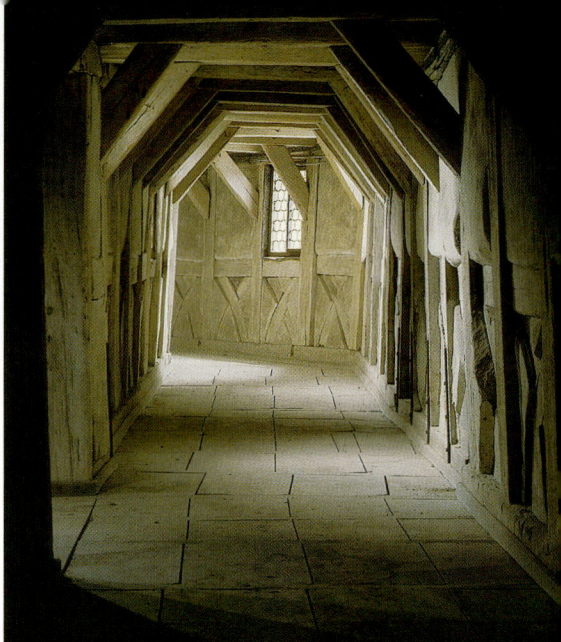

Andreaskreuze am östlichen Wehrgang
(Elisabethengang)

Blick in den östlichen Wehrgang (Elisabethengang)

Schnitt durch den östlichen Wehrgang
(nach Baumgärtel, 1907)

Blick in den westlichen Wehrgang (Margarethengang)

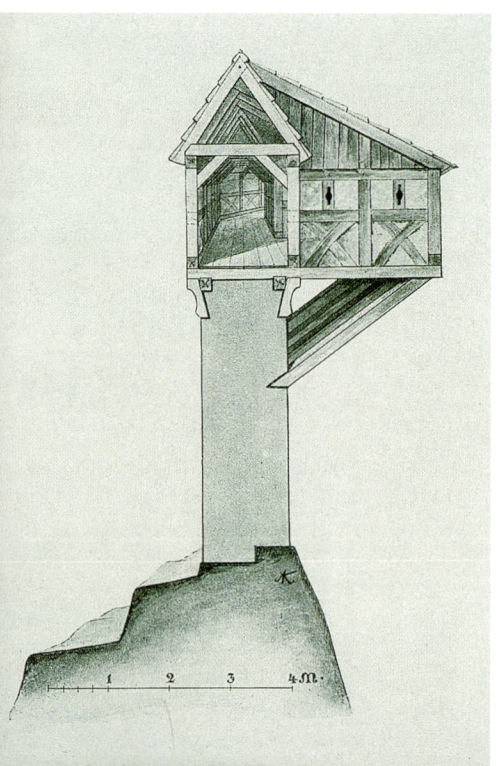

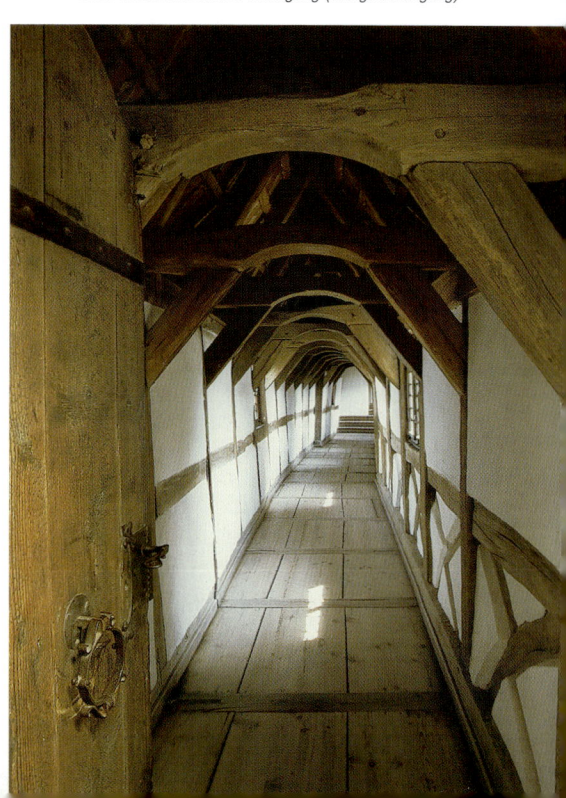

Die **kleine Zisterne** im tieferliegenden Teil des Hofes mit einem venezianischen Brunnentrog und einem geschmiedeten Aufsatz des 19. Jahrhunderts zählt ebenso wie die Mauerbrüstungen mit neogotischem Maßwerk zum Wiederherstellungsprogramm des Historismus.

Ergänzungsbauten des Historismus

AUF DEM WEG IN DIE HOFBURG, den Hauptteil der gesamten Burganlage, wird die **Torhalle** duchschritten. Sie gehört zu den historisierenden Neubauten der zweiten Hälfte des 19. Jahrhunderts, die keinen direkten Bezug zur mittelalterlichen Bebauung haben. In Richtung Hofburg wird sie rechts (westlich) von der Dirnitz und links von der Neuen Kemenate und dem Bergfried eingefaßt. Im Obergeschoß dieser Bauten finden sich die später zu besichtigenden Museumsräume. Über der rechten Tür der Kemenate ist ein eher unauffälliges romanisches Tympanon eingesetzt, das ein Balkenkreuz mit Endverbreiterungen (crux ansata) wiedergibt. Die verhaltene Art der Oberflächenbearbeitung erlaubt eine Datierung in die erste Hälfte des 12. Jahrhunderts; vielleicht ist es der Rest der früheren Burgkapelle.

Die Torhalle mit darüberliegender **Dirnitzlaube** und die **Dirnitz** selbst wurden zwischen 1865 und 1867 errichtet. Ritgen folgte auch hier den Anregungen Quasts, der eine solche Halle an gleicher Stelle vorgesehen hatte. Sein Baukörper ist jedoch durch zwei Freisäulen und ein doppeltes Kreuzgewölbe abgewandelt; Türen führen in den Bergfried (heute Rundfunkstudio), in den nördlichen Raum der Neuen Kemenate und in das Treppenhaus der Dirnitz. Die ‚Dirnitzlaube' über

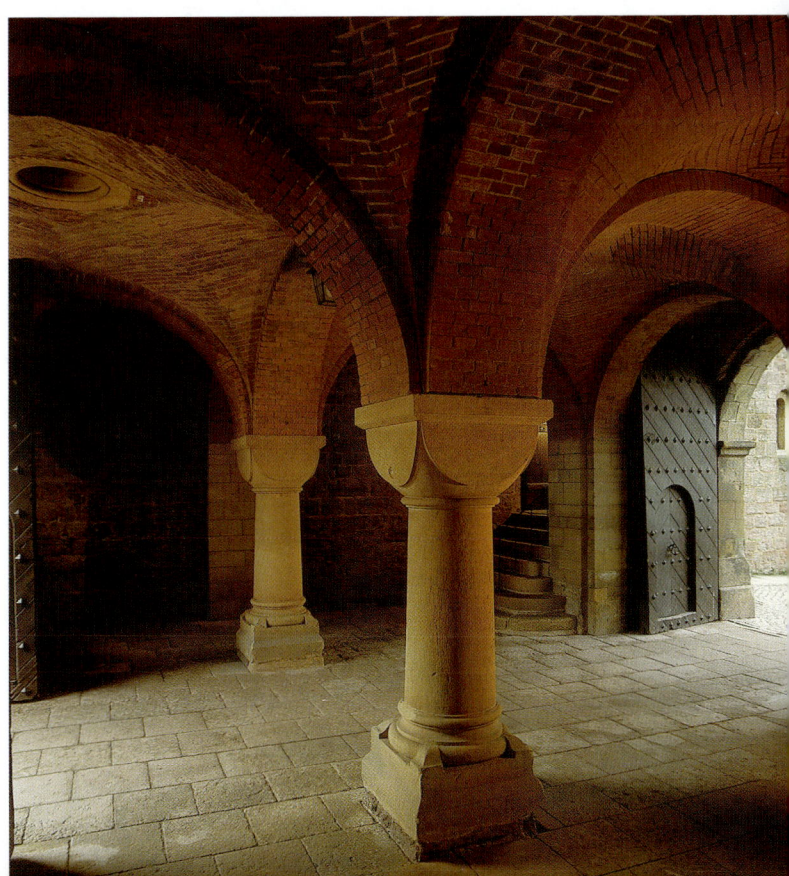

Die Torhalle zwischen Vor- und Hofburg

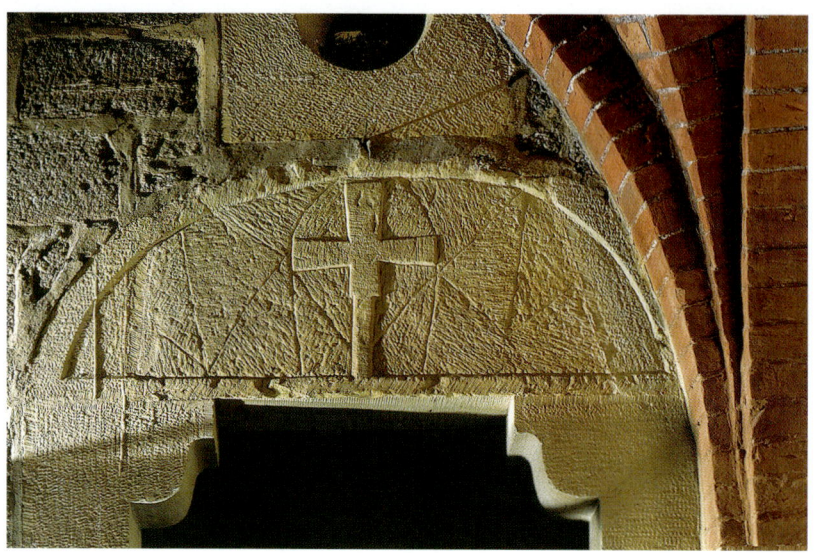

Das wiederverwendete romanische Tympanon in der Torhalle

den Gewölben besteht aus einem länglichen Raum, dem im Norden und im Süden offene Söller zugeordnet sind, von denen die Höfe eingesehen werden können. Die Dirnitz (mittelalterlich ‚Dornze' oder ‚Dornzin', ein beheizbarer Raum) wurde über den Fundamenten von Johann Ernsts Handmühlenhaus und dessen mittelalterlichen Vorgängern erbaut.

1853 begann der Architekt mit der Errichtung der östlichen Ergänzungsbauten. 1859 wurden der 30 Meter hohe **Bergfried,** im darauffolgenden Jahr die Kemenate fertiggestellt. Ihre Untergeschosse bilden eine architektonische Einheit, ihr gemeinsamer Zugang war die Rundbogentür des Altans, in dem eine Wendeltreppe auch das Festsaalgeschoß des Palas von Norden erschloß. In der Südostecke des Bergfrieds führt eine weitere schmale Wendeltreppe bis zur Wehrplattform mit dem 3,8 Meter hohen lateinischen Kreuz, das als symbolische Krönung des Ensembles angebracht worden war. Auf seinem Holzkern sind blattvergoldete Kupferplatten montiert. Der Bergfried besteht aus sechs Geschossen. Im obersten Stock-

werk ist seit 1887 ein Wasserbehälter mit einem Fassungsvermögen von 30 Kubikmetern untergebracht, den die eigenen, 200 Meter höher liegenden Ruhlaer und Meininger Quellen über ein 28 Kilometer langes Rohrleitungsnetz, mehrere Ausgleichs- und Sammelbehälter und ohne jegliche Pumpstationen speisen.

In der **Neuen Kemenate,** die die Fundamente, Keller und Teile des Erdgeschosses des Vorgängerbaus einbezog, wurden Wohn- und Arbeitsräume für den Eigentümer Großherzog Carl Alexander eingerichtet. Der im Osten angesetzte trapezförmige Erker mit Altan-Abschluß geht ebenfalls bereits auf Konservator von Quast zurück. Die Erdgeschoßräume wurden ‚Zimmer der Landgräfin' genannt; hier gab es ein ‚Elisabethzimmer' und ein ‚Zimmer der Künste' (Schreibzimmer). Das Obergeschoß blieb dem Großherzog vorbehalten, ein durch eine Dreierarkade gegliederter Wohnraum und das Schlafzimmer; heute in den Museumsrundgang einbezogen.

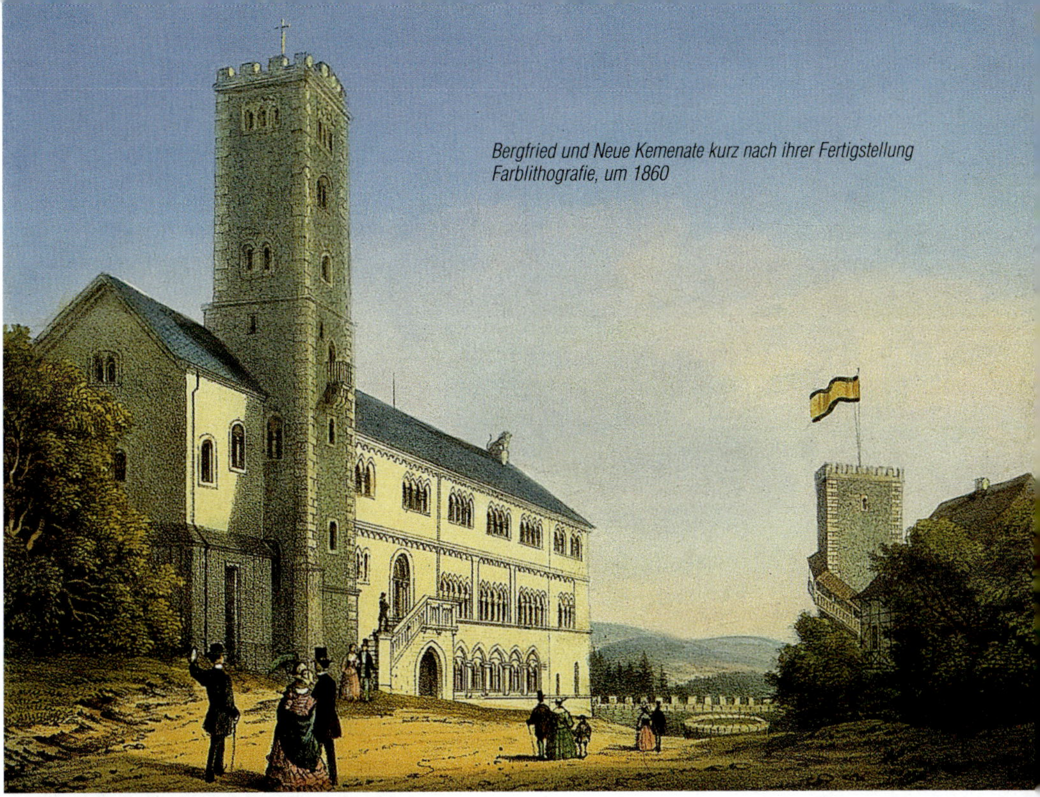

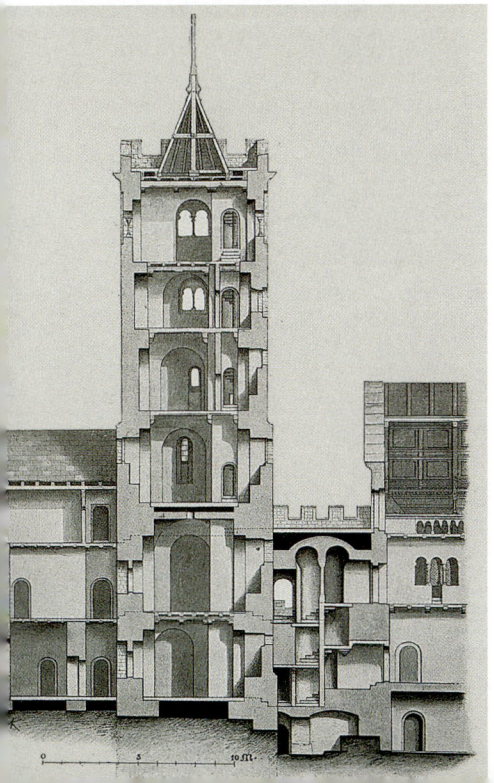

Bergfried und Neue Kemenate kurz nach ihrer Fertigstellung
Farblithografie, um 1860

Die Hofburg

ALS HOFBURG WIRD HEUTE wieder der Hauptteil
der Burganlage bezeichnet, der mit dem Palas
über den architektonisch und historisch wichtigsten Bauteil der Burg verfügt. Daneben sind noch
der Südturm, die Zisterne und das Ritterbad von
Interesse. Da der Besucherrundgang durch den
Palas und danach durch das Wartburgmuseum
(Neue Kemenate und Dirnitz) führt und schließlich
in der Lutherstube in der Vorburg endet, sollen
zunächst die weniger bedeutenden Bauwerke
beschrieben werden.

Die Hoffläche ist weitgehend bis auf den Fels
abgeschliffen. Vereinzelt sind hier noch Spuren
von Wegen, aber auch von Gebäuden und Bautei-
len zu erkennen, die jedoch keine sicheren Rekon-
struktionen früherer Zustände ermöglichen. Viel

Schnitt durch den Bergfried und den 1952 abgerissenen Altan
(Hugo v. Ritgen)

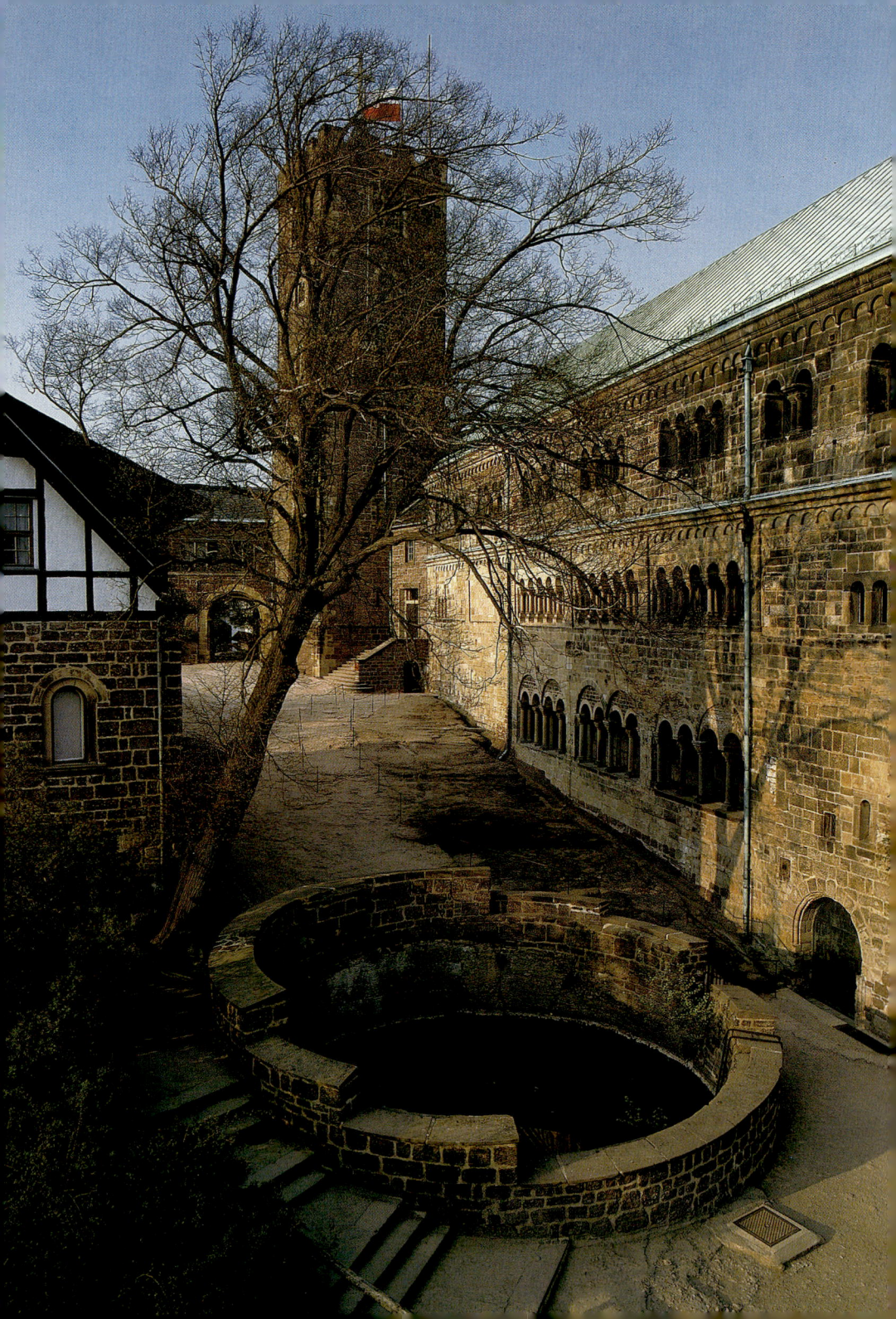

Platz nimmt die **große Zisterne** im unteren, südlichen Teil des Hofes ein. Sie ist schon in hochmittelalterlicher Zeit als Filtrierzisterne entstanden und sammelte das Regenwasser von den Dachflächen der Wartburg, da im Belagerungsfall kein Frischwasser zur Verfügung stand.

Der ehemalige Marstall war dem Palas auf der Westseite des Hofes gegenübergestellt. Die drei in den Fels gearbeiteten tonnengewölbten Keller entstammen einer mittelalterlichen Bauphase. Später erfolgten Umnutzungen als Zeughaus und Brauerei. Heute befndet sich an dieser Stelle der Fachwerkbau des **Gadem** (eigentlich Lagerhaus oder Kemenate), der 1874–1877 als Gästehaus errichtet worden war. Die Außenverkleidung wurde in den 1950er Jahren wieder entfernt und 1965 ein Café eingerichtet. An dieser Hofseite soll im Spätmittelalter auch eine Burgkapelle gestanden haben; für das 12. Jahrhundert ist ein repräsentativer Sakralbau jedoch nicht sicher überliefert.

Der Südturm

VON DEN TÜRMEN DER HOCHMITTELALTERLICHEN BURG blieb lediglich der Südturm erhalten, dessen Errichtung oder Wiederaufbau nach dem Brand 1318 erfolgte. Bis auf die Sandstein-Eckquaderungen besteht er aus dem anstehenden Konglomerat; spätestens 1511 war er berappt (verputzt). Heute weist er wieder einen Putz auf, der die tiefe Abwitterung des Rotliegenden ausgleicht. Seine Gesamthöhe bis zur Plattform beträgt mehr als 22 Meter, die Kanten sind 7,4 Meter lang. Das Fundament ist bis zu 1,2 Meter in den Fels eingetieft. Die Mauerstärke von 2,4 Metern an der Basis verringert sich nach oben bis auf das halbe Maß.

Zwei Außenzugänge mit Spitzbogengewänden erschließen das Bauwerk – seit 1803 mit Hilfe einer überdachten Holztreppe. Der untere Eingang erfolgte geschützt von Norden, in einer Höhe von etwa 7,5 Metern und über Leiter-

gerüste. Von diesem mittleren Turmgeschoß wurden Gefangene durch eine gerade angemessene Öffnung im Boden (das ‚Angstloch‘), mit Tauen oder Strickleitern in das tonnengewölbte, etwa zehn Meter tiefe Verlies heruntergelassen. Der obere Eingang befindet sich im Osten, in einer Höhe von 12,5 Metern. Eine innere Holztreppenkonstruktion führt von da aus zur Plattform, die heute wieder Wehrzinnen trägt und weiten Ausblick über den Thüringer Wald, die Rhön und das hessische Bergland gewährt.

Schnitt durch den Südturm (nach Baumgärtel, 1907)

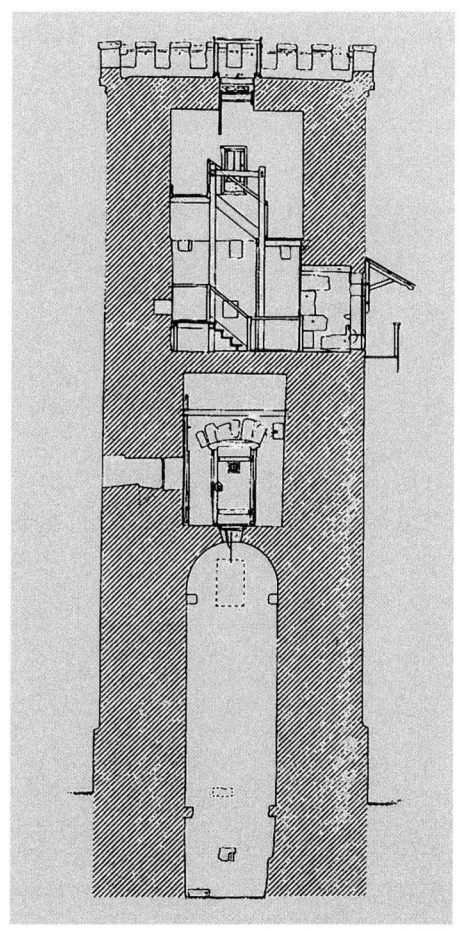

Die Hofburg mit Gadem, Zisterne und Palas

Das Ritterbad

LETZTER BAU DES WIEDERHERSTELLUNGS-
WERKES Carl Alexanders im Gelände der Kernburg sollte das an die Südfassade des Palas ange-
lehnte Ritterbad werden, dessen Fertigstellung
1890 erfolgte. Der Architekt gab dafür den der
Belustigung der Kinder dienenden Bärenzwinger
an einer der sonnigsten Stellen der Hofburg auf
und nutzte ein vermutlich aus dem 14. Jahrhundert stammendes Spitzbogenportal des der Elisabethkemenate vorgelagerten Raums als Zugang
vom Palas-Erdgeschoß. Das um 1260 entstande-
ne Friedberger Judenbad, das allerdings ausschließlich ritueller Reinigung gedient hatte, mag
eines der Vorbilder gewesen sein. Nach Ritgens
Tod wurden die Arbeiten abgebrochen; die weitere Ausstattung entfiel, obwohl das Ritterbad tech-
nisch fertiggestellt und praktisch nutzbar war.
Eine Elektroheizung erwärmte die Raumluft. Das
Wasser im in bayerischem Kunstmarmor (Terraz-
zo) ausgeführten Becken durchlief eine Schwer-
kraftheizung, die im südlichen Palas-Kellergang,
dem ‚Bären', stand. Erst 1990 sollte Ritgens Werk
vollendet und das Bad mit einem Bild der sagenhaften Flucht des Burggründers aus seiner Gefan-
genschaft auf dem Hallenser Giebichenstein ausgestattet werden. Die Bezeichnung ‚Salicus', die
sich eigentlich auf die fränkische Herkunft Ludwigs bezieht, führte später zum Beinamen ‚der
Springer', woraus wiederum eine Sage über die
kühne Flucht durch den Sprung in die Saale entstand. Der Leipziger Maler Wolfgang Peuker schuf
den Karton für einen Gobelin der Textilmanu-
faktur Halle in einer zeitgenössischen Umsetzung
des bereits von Ritgen vorgegebenen Themas.

Das Ritterbad mit neuromanischen Arkaden am Beckenrand

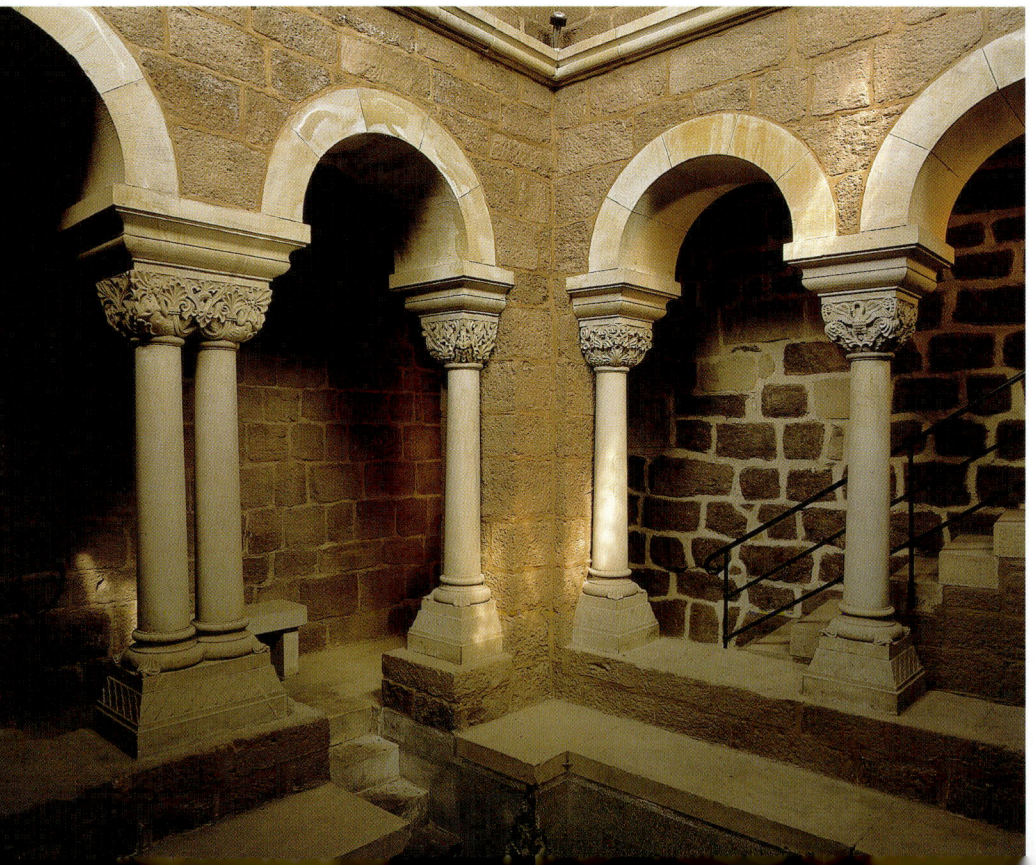

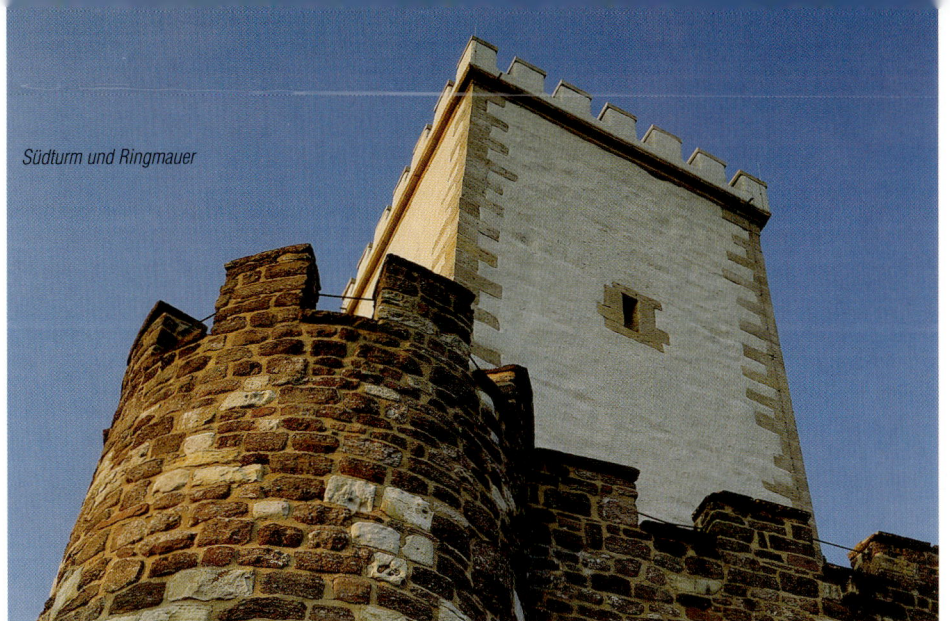

Südturm und Ringmauer

Die Baumaterialien

Der Wartburgfelsen besteht aus Rotliegendem – rote Konglomerate, Sandsteine und Schiefertone –, einem Gestein, das sich im Erdaltertum (Paläozoikum) vor rund 280 Millionen Jahren herausbildete. Im Hochmittelalter war es kein bevorzugtes Baumaterial, ließ sich zwar gut brechen, jedoch nicht bildhauerisch bearbeiten. Seine Verwendung beschränkte sich somit ausschließlich auf zu verputzende Innen- und Außenmauern. Hervorzuhebende Architekturelemente wurden aus Sandstein gefertigt: Eckquaderungen der Gebäude, Torbögen und bauplastische Objekte, die sich vor ihrer Aushärtung an der Luft leicht formen ließen. Der verwendete Rhätsandstein aus dem Oberkeuper mit feiner Körnung kam vor allem aus nördlich der Wartburg gelegenen Brüchen zwischen Madelungen und Creuzburg, die sich auch heute noch in Betrieb befinden. Seine Färbung reicht von weiß über gelb bis hin zu rötlichen Quadern, die im zweiten Palasobergeschoß bewußt nicht lagergerecht, sondern mit der rötlichen Seite nach außen eingesetzt wurden – ein herrschaftlicher Anspruch mit hoher Symbolwirkung. Die gegenüberliegende, heute stadtgewandte Seite des Palas mit einer Mauerstärke von bis zu 1,7 Metern besteht jedoch im Obergeschoß vorwiegend aus Rotliegendem. Sie war ursprünglich verputzt und mit einem Fugennetz versehen; einerseits um die Minderwertigkeit des Baumaterials zu kaschieren, hauptsächlich jedoch um die schwer zugängliche Ostfassade möglichst dauerhaft zu schützen. Die ehemalige Architekturfarbigkeit läßt sich nicht rekonstruieren.

Eine Besonderheit stellen 25 Säulenschäfte – vor allem an der Nordwand des Festsaals und im Bereich des Arkadengangs des ersten Obergeschosses – dar. Sie bestehen aus Kalk- oder Kanalsinter, der beim Abbruch der römischen Wasserleitungen in der Eifel gewonnen wurde. Sein unregelmäßiger Schichtenaufbau ließ sich durch Polieren hervorheben; so war das Material mit wertvollem Marmor zu verwechseln.

Der Palas

Palas

Landläufig wird der Begriff Palas für den Wohnbau einer Burg verwandt. Die moderne Burgenforschung engt diese zu breite Definition ein und bezeichnet mit Palas einen Saalbau, ein Gebäude, das mindestens einen großen Saal aufweist. Größere Saalbauten finden sich im Hochmittelalter überwiegend in Pfalzen und auf Burgen des Hochadels. Dem entspricht der repräsentative Charakter des Bauwerks, das sich durch Größe, hervorgehobene Bauzier und aufwendige Ausstattung von den anderen Gebäuden unterscheidet. Die meisten dieser Bauten sind unterkellert, im Erdgeschoß in mehrere Räume gegliedert, und nehmen im Obergeschoß einen Festsaal auf.

Das Bauwerk

HOFFASSADE. Der Wartburgpalas ist dreigeschossig und weist eine Teilunterkellerung durch das nach Süden abfallende Gelände auf. Der Zugang zu dieser Sockeletage erfolgte durch ein breites Rundbogenportal, neben dem eine heute vermauerte, ebenfalls rundbogige Pforte angeordnet war, hinter der sich ein Treppenaufgang verborgen haben kann.

Im übrigen wirkt die Hoffassade des Palas auf den ersten Blick sehr symmetrisch. Die beiden unteren Geschosse haben seitlich weitgehend geschlossene Mauerflächen. Dazwischen befinden sich Arkadengänge mit Fenstersäulen, im unteren Geschoß paarweise durch Rundbögen überfaßt, im ersten Obergeschoß als fortlaufendes Fensterband gestaltet. Lediglich zwei schmale Mauerpfeiler teilen das Band in drei Arkadengruppen. Diesen Baukörper schließen ein Rundbogenfries und ein kräftiges Gesims ab. Darüber befindet sich das Festsaalgeschoß mit einer über die gesamte Fassade hinwegreichenden Fenstergrup-

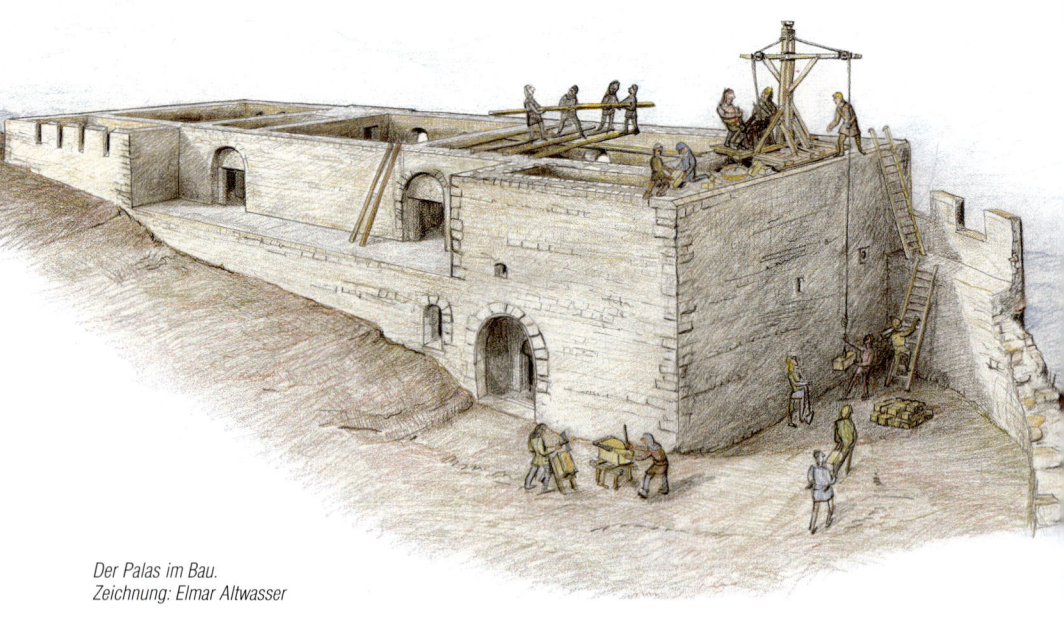

Der Palas im Bau.
Zeichnung: Elmar Altwasser

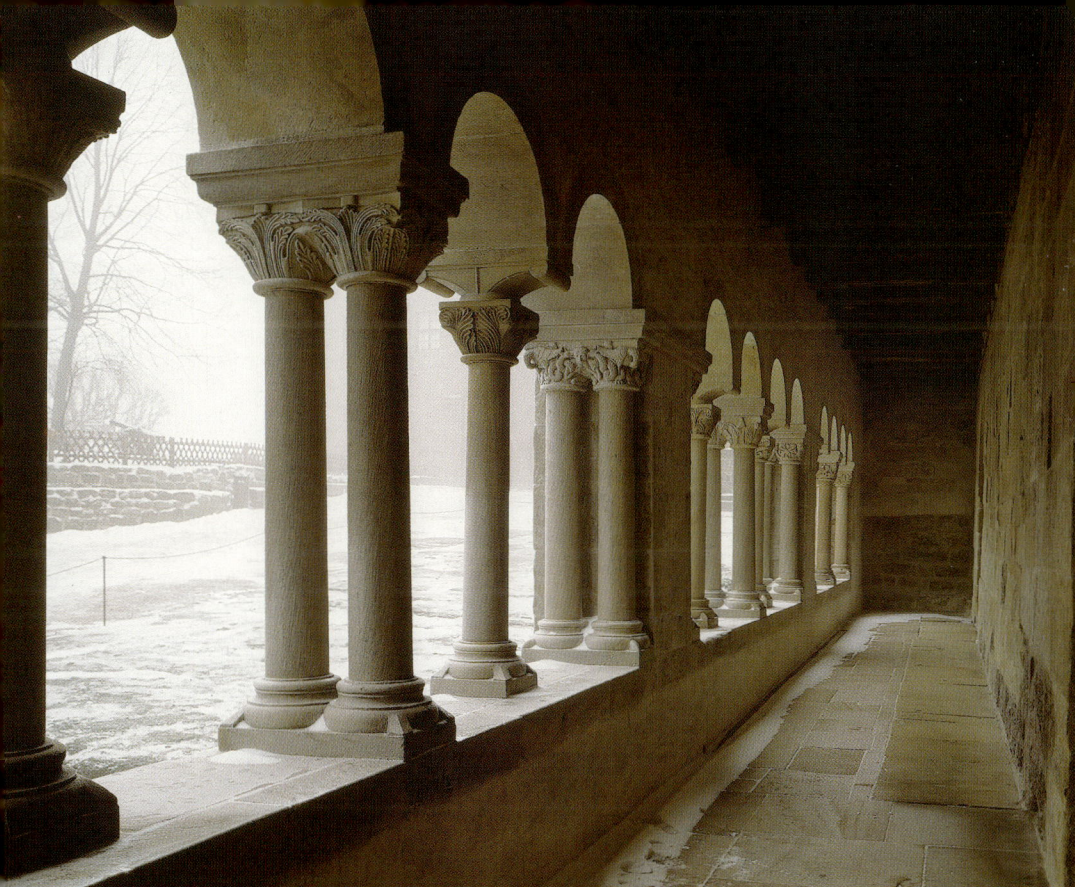

Der Palas, Erdgeschoßarkade, 1157–1162

pierung, die wiederum in einem Rundbogenfries unter dem Traufgesims ausklingt.

Für die Forschung ist wesentlich, daß die romanische Fassade nicht den Vorstellungen von Symmetrie entsprach, wie sie die letzten Jahrhunderte bevorzugten. Für Überlegungen zur Fassade des ersten Bauplans sind zwei senkrechte Baufugen wichtig, die im Erdgeschoß jeweils seitlich der abschließenden Zwillingsarkaden bestehen. Die Arkaden wurden somit in einem zweiten Bauabschnitt nach einem Planwechsel eingefügt. Im ersten Obergeschoß ist keine Baufuge mehr nachzuweisen. Zunächst jedoch könnte der mittlere Teil der Fassade zurückliegend ohne Arkaden vorgesehen gewesen sein. Ähnliche Bauanordnungen sind für den römischen Palastbau verbürgt; Zusammenhänge zu konstruieren, wäre jedoch hypothetisch.

Die Fenster in den Obergeschossen sind als prächtige Zweier-, Vierer- oder Fünferarkaden ausgebildet. Der große Saal im zweiten Obergeschoß wird, den Gang einberechnet, durch 55 Fensteröffnungen erleuchtet. Eine ganzjährige Nutzbarkeit ohne Verglasung scheint unwahrscheinlich, selbst wenn gegerbte Häute und hölzerne Läden zum Einsatz gelangten und das Klima im 12. Jahrhundert etwas milder war als heute.

DATIERUNG. Mit Hilfe der Dendrochronologie des Eichenholzes ließen sich erstmals genaue Baudaten ermitteln, nachdem lange Zeit die Errichtung des Palas zwischen 1170 und 1220 vermutet worden war. Das nachweislich frisch verarbeitete Eichenholz der Balkenlagen über dem Keller und dem Erdgeschoß ist in die Jahre 1157/58 zu

Dendrochronologie

Die Dendrochronologie ist die wichtigste naturwissenschaftliche Methode zur zeitlichen Einordnung von Baukörpern anhand des Bauholzes. Ausschlaggebend ist die Jahrringbreite, die je nach klimatischen Verhältnissen einer Vegetationsperiode unterschiedlich ausfällt. Heute genügt ein Bohrkern von einigen Millimetern Dicke, um die jeweilige Jahrringkurve auszumessen, die mit Standardkurven verglichen wird. Voraussetzung für eine jahrgenaue Datierung von Hölzern ist das Vorhandensein aller Ringe bis zum Rindenbereich, der sogenannten Waldkante.

In der Eichenholz-Balkendecke des Palas-Kellergeschosses konnten drei Bohrproben vollständige Splintjahrringe erfassen und auf 1157/58 datiert werden. Das Holz des Erd- und ersten Obergeschosses wies jedoch keine erhaltene Waldkante auf. Durch statistischen Vergleich wurde hier 1159 als frühestmögliches Fälljahr bestimmt. Auch das Fachwerk der Vorburg wurde dendrochronologisch untersucht und auf 1478–1480 datiert.

datieren. Weitere Proben ergeben eine Bauzeit bis etwa 1162. Nur das oberste Geschoß ließ sich nicht dendrochronologisch datieren. Sicher gehört es einer zweiten Bauphase an, die der ersten jedoch sehr schnell – vielleicht bereits um 1170 – nachgefolgt sein dürfte.

GRUNDRISS. Die innere Aufteilung des eine Grundfläche von 38 x 14 Metern aufweisenden Gebäudes spiegelt sich in der Fassade nicht wider. Das Erdgeschoß besteht aus drei Räumen, das erste Obergeschoß ist zweiteilig, vom Festsaal des zweiten Obergeschosses wurde lediglich der hofseitige Gang abgeteilt.

Der Erdgeschoßgrundriß ist nahezu symmetrisch – mit Ausnahme der breiten Steintreppe zum ersten Obergeschoß. Der Arkadengang ist dem mittleren, flach gedeckten ‚Speisesaal' und einem Teil des südlich anschließenden Zimmers hofseitig vorgelagert. Dieser rechteckige Raum mit großem, in der Mitte der Ostwand angeordneten Kamin, wird von zwei nahezu quadratischen kreuzgratgewölbten Räumen flankiert. Im Norden ist es der ‚Rittersaal', im Süden die ‚Elisabethkemenate', der sich noch ein tonnengewölbter Gang anschließt, der in einem Aborterker endet, für den er ursprünglich allerdings aufgrund seiner repräsentativen Raumhöhe nicht geschaffen worden sein kann.

Das erste Obergeschoß war in hochmittelalterlicher Zeit neben dem Arkadengang in lediglich zwei Räume gegliedert. Im Norden, über dem Rittersaal, ist das heute so bezeichnete Landgrafenzimmer gelegen, das für die herrschaftlichen Amtsgeschäfte genutzt worden sein kann. Nach Süden schloß sich vor der Aufstockung ein ‚kleiner' Festsaal an, mit klar gegliederten östlichen Drillingsfenstern, der mehr als zwei Drittel des Geschosses einnahm und wohl um 1320 in den flach gedeckten ‚Sängersaal' und die kreuzgratgewölbte Kapelle gegliedert wurde. Das zweite Obergeschoß wird in ganzer Länge von einem weiteren Festsaal eingenommen, der die stattliche Grundfläche von 326 m² besitzt. Er ist als Quersaal angelegt und war durch den auch hier vorgelagerten Arkadengang und über einen breiten mittleren Zugang zu erreichen.

BEHEIZUNG. Der hohe technische Ausstattungsgrad des Gebäudes für die Erbauungszeit stellt sich am auffälligsten durch die Zahl der Kamine dar. Ursprünglich können es neun gewesen sein, je drei in jedem der Hauptgeschosse. Bei der Öffnung des Fußbodens im nördlichen Erdgeschoßraum (Rittersaal) wurden verrußte Schächte gefunden, die auf eine Hypokaustenheizung verweisen.

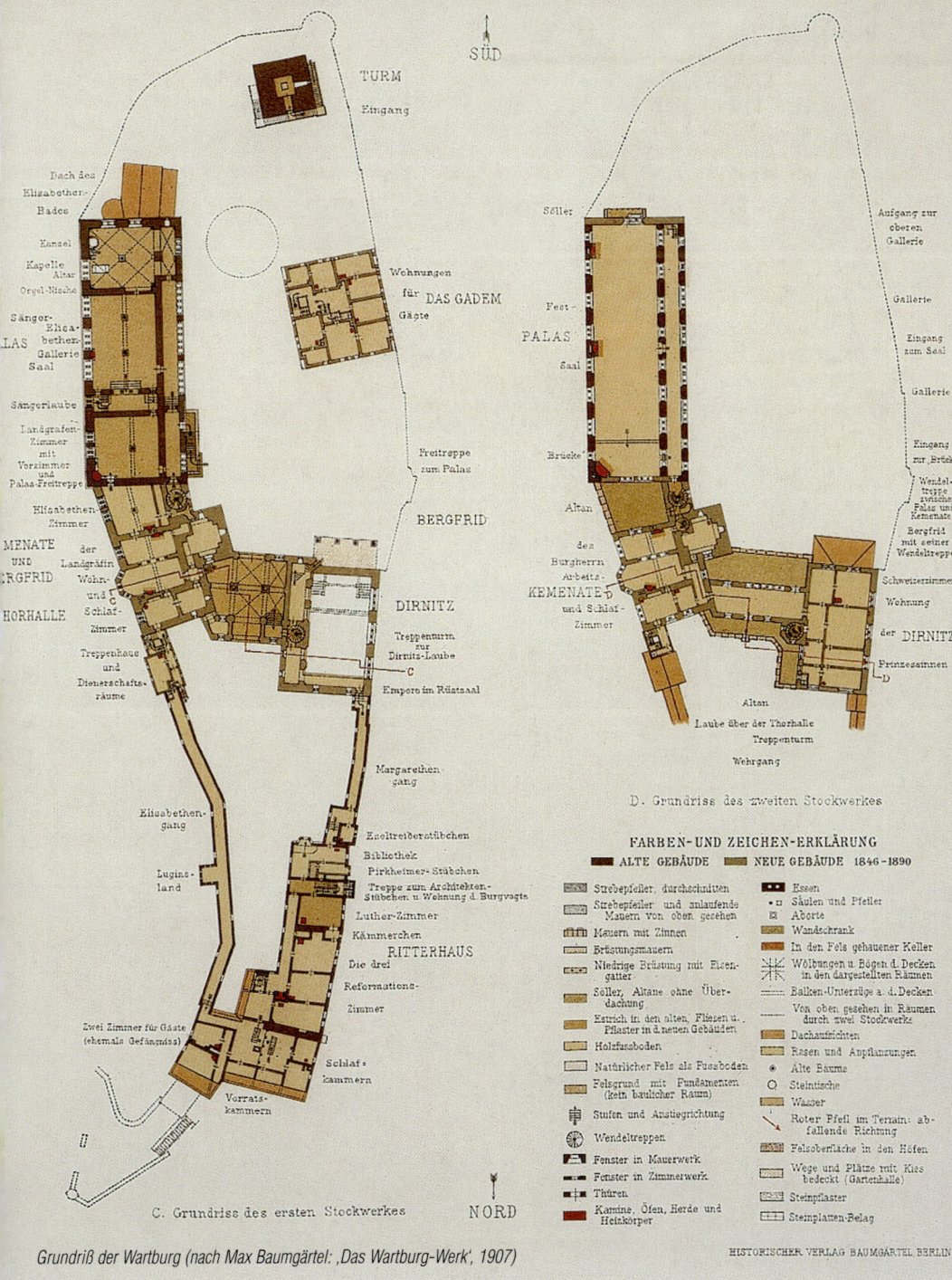

SÜD

TURM
Eingang

Dach des
Elizabethen-
Bades

Kanzel
Kapelle   Altar
Orgel-Nische

Sänger-
Ehe-   Elisa-
LAS   bethen-
           Gallerie
Saal

Sängerlaube

Landgrafen-
Zimmer
mit
Vorzimmer
und
Palas-Freitreppe

Elisabethen-
Zimmer

MENATE   der
UND   Landgräfin
ERGFRID   Wohn-
            und
HORHALLE   Schlaf-
            Zimmer

Treppenhaus
und
Dienerschafts-
räume

Margarethen-
gang

Elisabethen-
gang

Lugins-
land

Luther-Zimmer
Kämmerchen
RITTERHAUS
Die drei
Reformations-
Zimmer

Zwei Zimmer für Gäste
(ehemals Gefängnis)

Schlaf-
kammern

Vorrats-
kammern

Wohnungen
für   DAS GADEM
Gäste

Freitreppe
zum Palas

BERGFRID

DIRNITZ

Treppenturm
zur
Dirnitz-Laube

C
Empore im Rüstsaal

Eseltreiberstübchen
Bibliothek
Pirkheimer-Stübchen
Treppe zum Architekten-
Stübchen u. Wohnung d. Burgvogts

C. Grundriß des ersten Stockwerkes   NORD

Söller   Aufgang zur
                                            oberen
                                            Gallerie

                                            Gallerie

                       PALAS   Eingang
Fest-   zum Saal
PALAS
Saal   Gallerie

Brücke   Eingang
                                            zur „Brücke"

Altan   Wendel-
                                            treppe
des   zwischen
Burgherrn   Palas und
Arbeits-   Kemenate
KEMENATE und Schlaf-   Bergfrid
Zimmer   mit seiner
                                            Wendeltreppe

                                            Schweizerzimmer

                                            Wohnung

                                            der DIRNITZ

                                            Prinzessinnen

                                            D

Altan
Laube über der Thorhalle
Treppenturm

Wehrgang

D. Grundriss des zweiten Stockwerkes

FARBEN- UND ZEICHEN-ERKLÄRUNG

ALTE GEBÄUDE ▬ **NEUE GEBÄUDE** 1846–1890

Strebepfeiler, durchschnitten
Strebepfeiler und anlaufende
Mauern von oben gesehen
Mauern mit Zinnen
Brüstungsmauern
Niedrige Brüsung mit Eisen-
gatter
Söller, Altane ohne Über-
dachung
Estrich in den alten, Fliesen u.
Pflaster in d. neuen Gebäuden
Holzfussboden
Natürlicher Fels als Fussboden
Felsgrund mit Fundamenten
(kein baulicher Raum)
Stufen und Anstiegrichtung
Wendeltreppen
Fenster in Mauerwerk
Fenster in Zimmerwerk
Thüren
Kamine, Öfen, Herde und
Heizkörper

Essen
Säulen und Pfeiler
Aborte
Wandschrank
In den Fels gehauener Keller
Wölbungen u. Bögen d. Decken
in den dargestellten Räumen
Balken-Unterzüge a. d. Decken
Von oben gesehen in Räumen
durch zwei Stockwerke
Dachaufrichten
Rasen und Anpflanzungen
Alte Bäume
Steintische
Wasser
Roter Pfeil im Terrain: ab-
fallende Richtung
Felsoberfläche in den Höfen
Wege und Plätze mit Kies
bedeckt (Gartethalle)
Steinpflaster
Steinplatten-Belag

Grundriß der Wartburg (nach Max Baumgärtel: ‚Das Wartburg-Werk', 1907)

HISTORISCHER VERLAG BAUMGÄRTEL, BERLIN.

Die Bauplastik

DAS BELIEBTESTE ORNAMENT an romanischen Fassaden ist der Rundbogenfries, der die eingetieften Wandfelder des ersten Obergeschosses der Hofseite des Palas abschließt und wohl erst im 19. Jahrhundert auch am Dachgesims ergänzt wurde. Mittelalterliche Bauplastik hat sich neben zwei Tympana und einem Rechteckrelief mit der Darstellung des Kampfes Simsons mit dem Löwen, die sich zuletzt in der zum Hof gerichteten Fassade des Torhauses befanden und zuvor wohl untergegangene Bauwerke der Wartburg zierten, sowie Resten von Kaminpilastern vor allem durch den Bauschmuck der Säulen in den Räumen und in den Fensternischen erhalten. Von 170 Kapitellen (lat.: Köpfchen) sind zumindest 30 ursprüngliche Stücke geblieben, die besonders wichtige und qualitätvolle Beispiele romanischer Bauplastik darstellen.

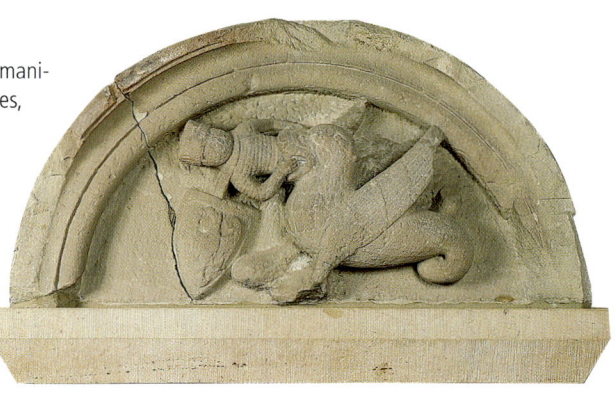

Tympanon mit der Darstellung eines Drachen, der einen Ritter mit Schild verschlingt, heute im Kellergeschoß des Palas Sandstein, 2. Hälfte 12. Jahrhundert

Die Kapitellornamentik des Wartburgpalas reicht von rein vegetabilem Dekor über die Verbindung mit figürlichen Darstellungen – Adler, Pfau, Löwe – in ihren christlich-ikonographischen Bedeutungsgehalten, bis hin zu Symbolhaftem, zu Fabelwesen, wie Drachen und Maskengestalten,

Rekonstruktion des Palas um 1165/70. Zeichnung: Elmar Altwasser

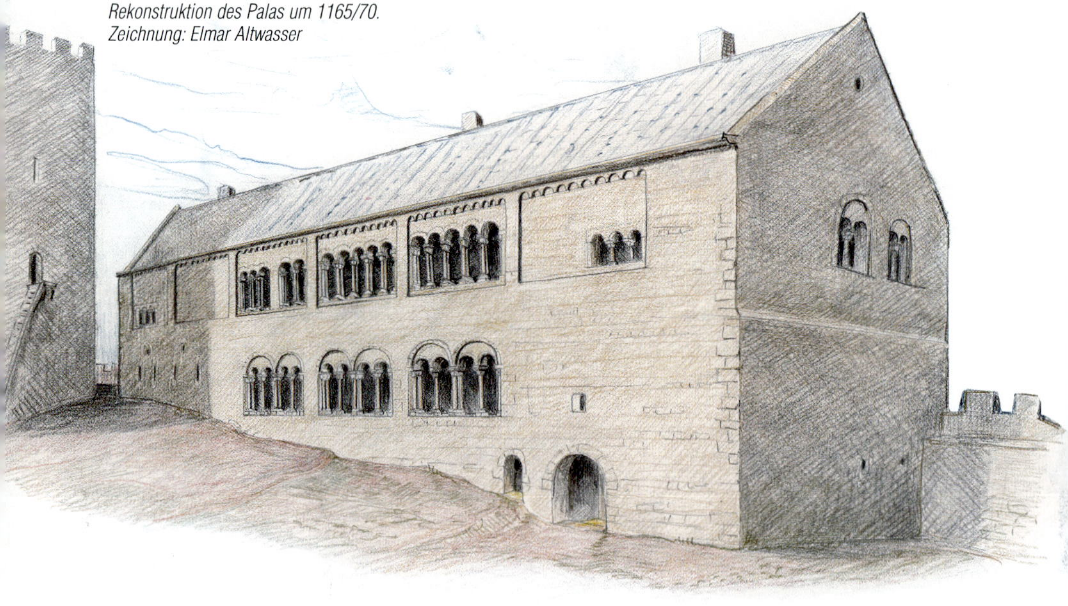

die im Kampf gegen den Menschen stehen. Sie sind Ausdruck der Vorstellung des Sieges des Christentums über die Heiden und die Durchsetzung des Guten im Glauben. Zwei rein profane Darstellungen, ein Kampf berittener Krieger und ein Eifersuchtsmotiv, befinden sich im Lapidarium; eindeutige Hinweise auf ihre Herkunft fehlen. Auffällig ist ein atypischer Stützenwechsel, der eine seltene Vielzahl von Doppelsäulen hervorgebracht hat.

Die motivische Ähnlichkeit der Plastik zu der etwa gleichgroßen Zahl der Kapitelle der Doppelkapelle in Schwarzrheindorf bei Bonn (Baubeginn 1147), die sich der spätere Kölner Erzbischof Arnold von Wied errichten ließ, ist zunächst auffällig, aber hinsichtlich der künstlerischen Form und Meisterschaft qualitativ deutlich unterschieden. Ein gemeinsames Vorbild für beide Bauhütten wird in Maastricht vermutet, an der ehemaligen Stiftskirche St. Servaas (im Lapidarium des Bonnefanten-

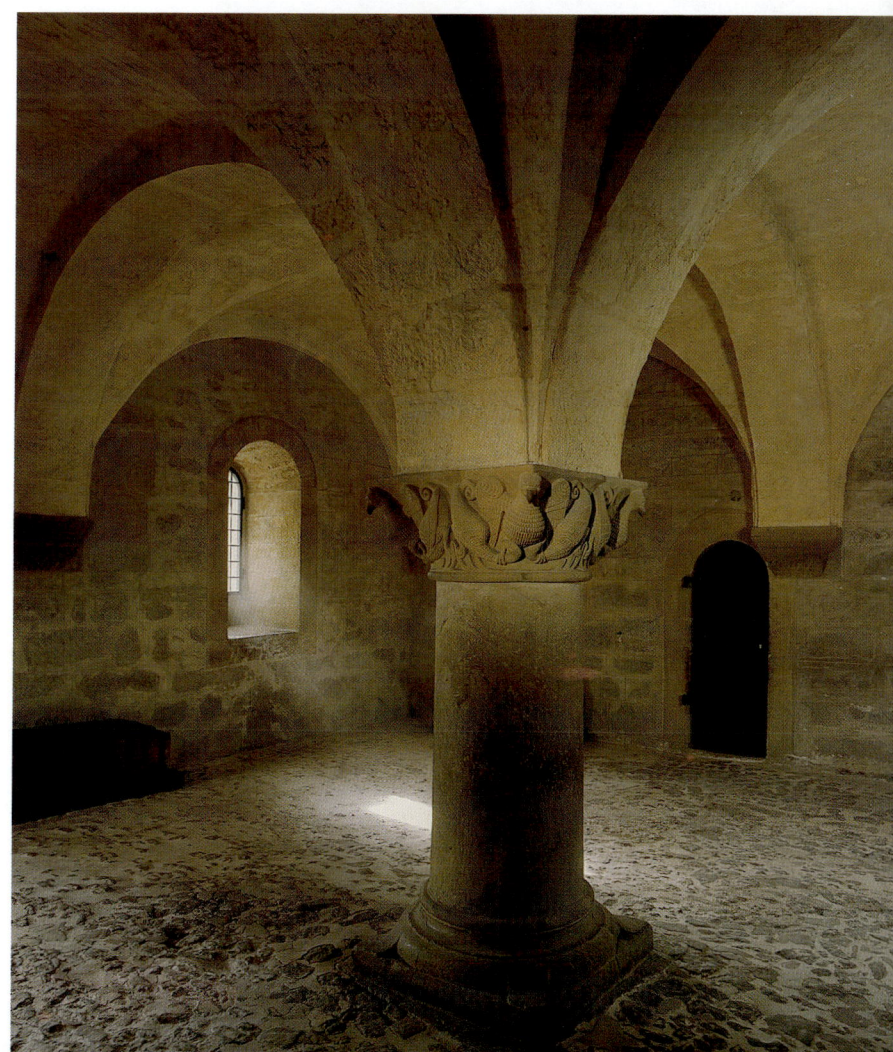

Der Rittersaal, nördlicher Raum im Erdgeschoß

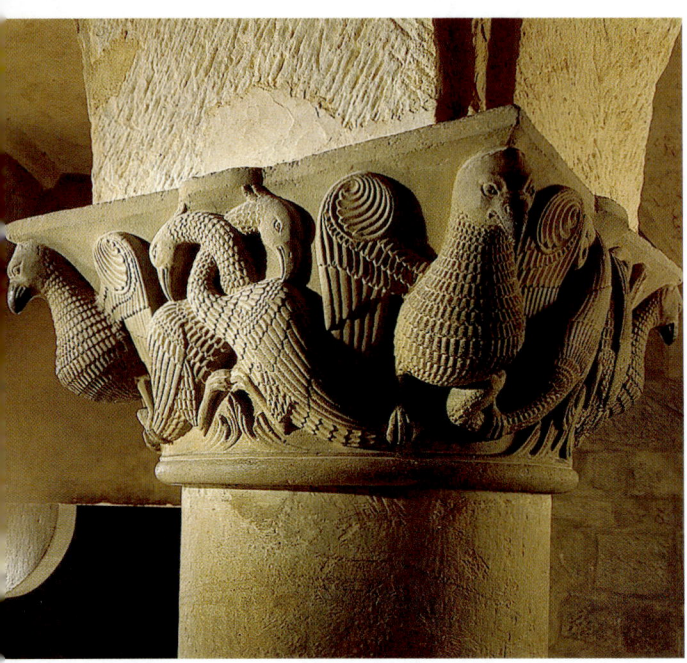

Kapitell der Mittelsäule des Rittersaals
Kapitell der Mittelsäule der Elisabethkemenate (südlicher Raum im Erdgeschoß)

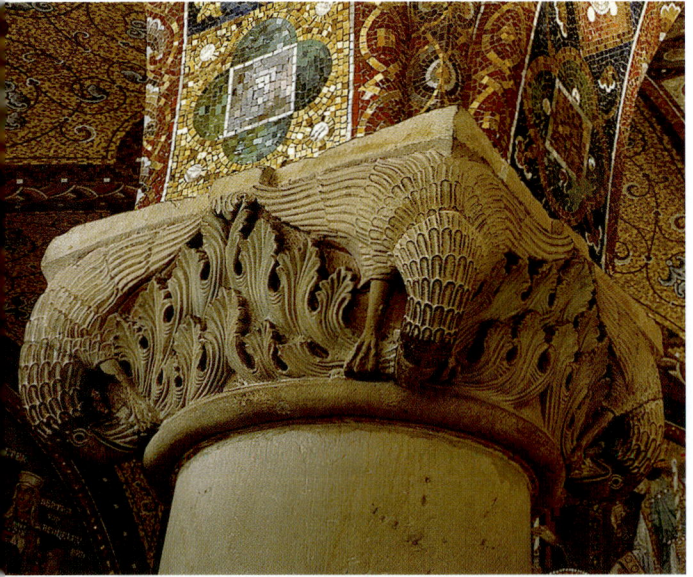

Museums). Doch auch die nur noch in Grundmauern erhaltene Königspfalz in Duisburg könnte vorbildhafte Kapitelle aufgewiesen haben. Eine besondere Stellung im bildkünstlerischen Programm kommt den Adlerkapitellen zu. Sie bekrönen die Mittelsäulen der drei Erdgeschoßräume und die Säule des flachgedeckten Landgrafenzimmers in der darüberliegenden Etage. Im Rittersaal sind es an den Kapitellecken aufrecht stehende Adler mit erhobenen Flügeln, die sich in dazwischen angeordnete Pfauenpaare krallen – ein hierarchisches Symbol von Macht und Untergebung. Das heute hier befindliche Kapitell ist eine Kopie der letzten Jahrhundertwende. Die drei anderen Adlerkapitelle sind motivisch gleich: herabfliegende Vögel an den Ecken und zum Licht strebende Pflanzenornamentik. Der Kubus des Säulenkopfes der Elisabethkemenate erscheint gedrungen, aber bildhauerisch überzeugend bewältigt und befindet sich am ursprünglichen Platz, was für die beiden anderen nicht gelten muß.

Rundgang durch den Palas

DER AUSSTELLUNGSRAUM im **Kellergeschoß** enthält bedeutende Werkstücke der romanischen Bauplastik und informiert über Aspekte des mittelalterlichen höfischen Lebens. Eine in der Wiederherstellungsphase des 19. Jahrhunderts eingefügte Treppe führt zum nördlichen Erdgeschoßraum – dem Rittersaal – und endet an dem mittelalterlichen Türgewände, das unter der steinernen Innentreppe ursprünglich zu einem Aborterker führte.

Der **Rittersaal** erhielt 1955–1959 auf der Basis von Putzanalysen und durch vergleichende Denkmalpflege einen ockerfarbigen Teilverputz mit geometrischer Fugenritzung, der **Speisesaal** wurde mit rotgewändeten Türen und Fenstern versehen. Kreuzgewölbe, Konsolsteine, Säulenschaft und -basis des Rittersaals entstammen der ersten Bauphase. Zwischen den beiden Räumen führt eine 1,3 Meter breite Steintreppe in das darüberliegende Geschoß. Das Kapitell der Mittelsäule im Speisesaal war erst im frühen 19. Jahrhundert eingefügt worden und soll aus der alten fürstlichen Residenz an der Georgenkirche stammen. Im Süden schließt sich ein weiterer, kreuzgratgewölbter Raum, die **Elisabethkemenate**, an. Ihre Bezeichnung läßt sich im Gegensatz zu den anderen Zimmern zumindest seit 1669 belegen: ‚Fräulein Elisabeth Camin-Stuben'. Die von Ritgen veranlaßte historisierende Ausmalung mußte nach wenigen Jahrzehnten einem Glasmosaik weichen; Geschenk Kaiser Wilhelms II. an seine nahen Verwandten, in Dankbarkeit und Anerkennung des ‚Wiederherstellungswerkes' Wartburg. Der Maler August Oetken (1868–1951) hatte die Entwürfe geliefert und die Berliner Firma Puhl & Wagner die Umsetzung 1902–1906 realisiert. Byzantinisierende und gotisierende Elemente treffen auf Jugendstilformen in den Gewölbekappen. Die Szenen in den Wandbögen berichten vom

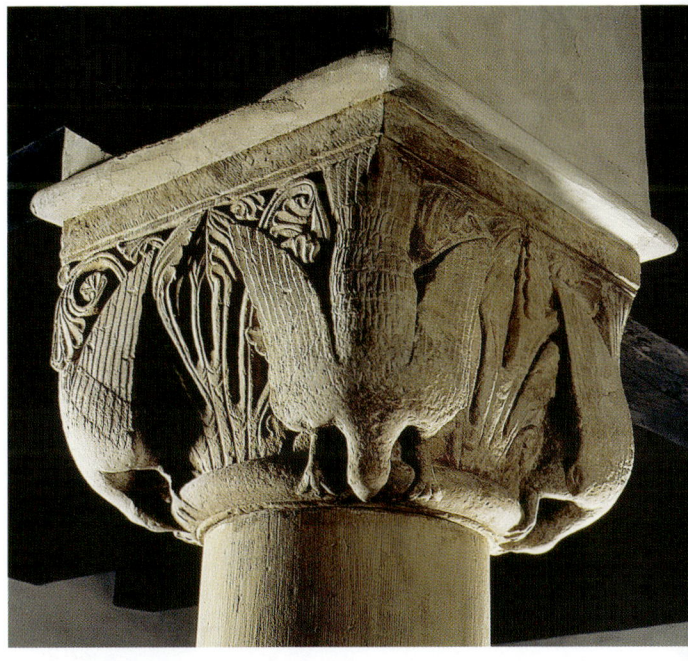

Kapitell der Mittelsäule des Speisesaals
Kapitell der Mittelsäule des Landgrafenzimmers (1. Obergeschoß)

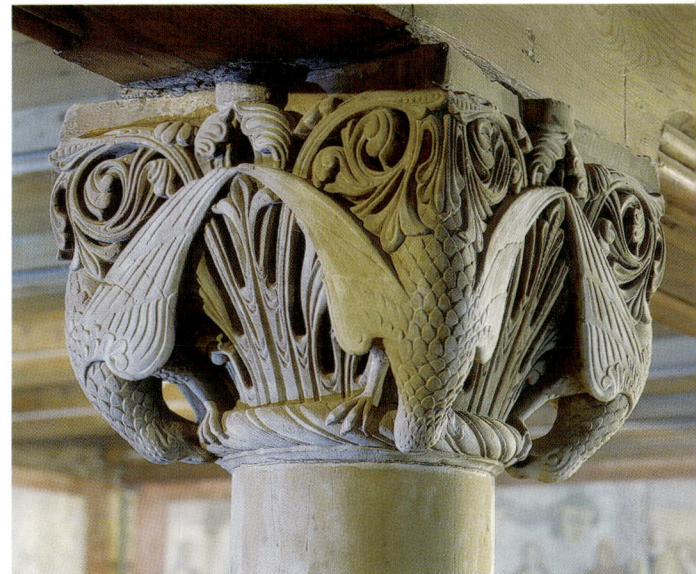

Leben einer der populärsten Heiligengestalten des Hochmittelalters, Elisabeth von Thüringen. Dargestellt sind folgende Ereignisse und Legenden:

1. (Rechts neben dem Kamin) der Magier Klingsor prophezeit Elisabeths Geburt.
2. Abgesandte des Landgrafen werben in Ungarn um das Königskind.
3. Die symbolische Vermählung von Elisabeth und Ludwig (IV.).
4. Elisabeth legt ihre Krone vor dem Altar nieder.
5. Elisabeth mit ihren Gefährtinnen am Spinnrocken.
6. Ludwig mit Kaiser Friedrich II. auf der Fahrt von Brindisi ins Heilige Land. Einer der Ritter trägt die Züge Kaiser Wilhelms II. (tatsächlich kam Ludwig nur bis Italien).
7. Die Vertreibung Elisabeths durch Schwager Heinrich Raspe von der Wartburg.
8. Elisabeth erbaut das Hospital in Marburg.

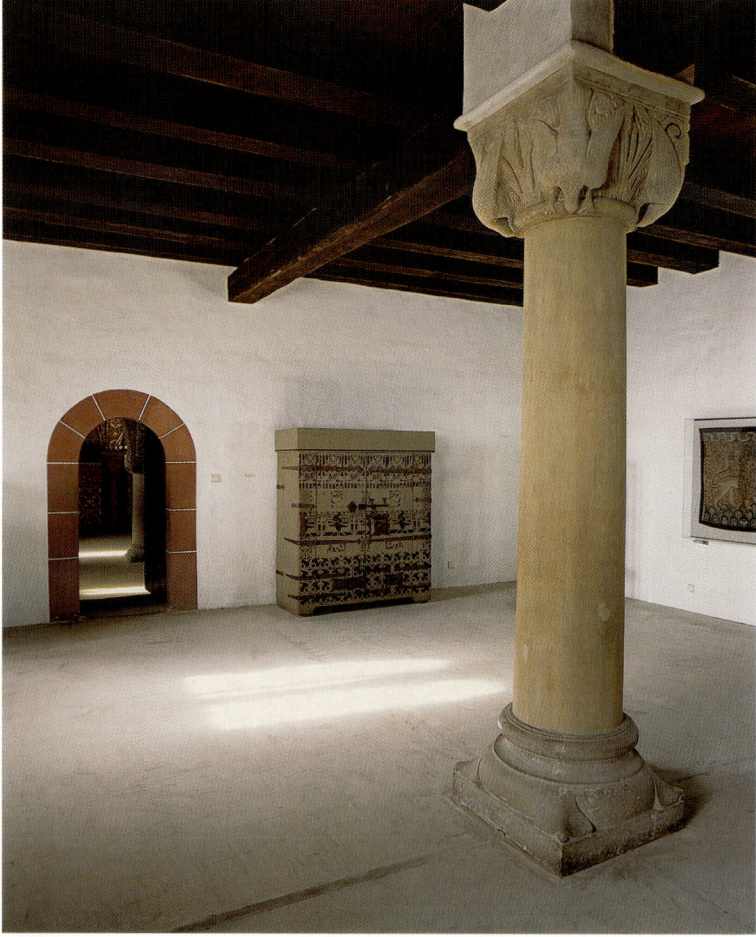

Der Speisesaal, mittlerer Raum im Erdgeschoß

Die Elisabethkemenate mit den Mosaiken von 1902–1906

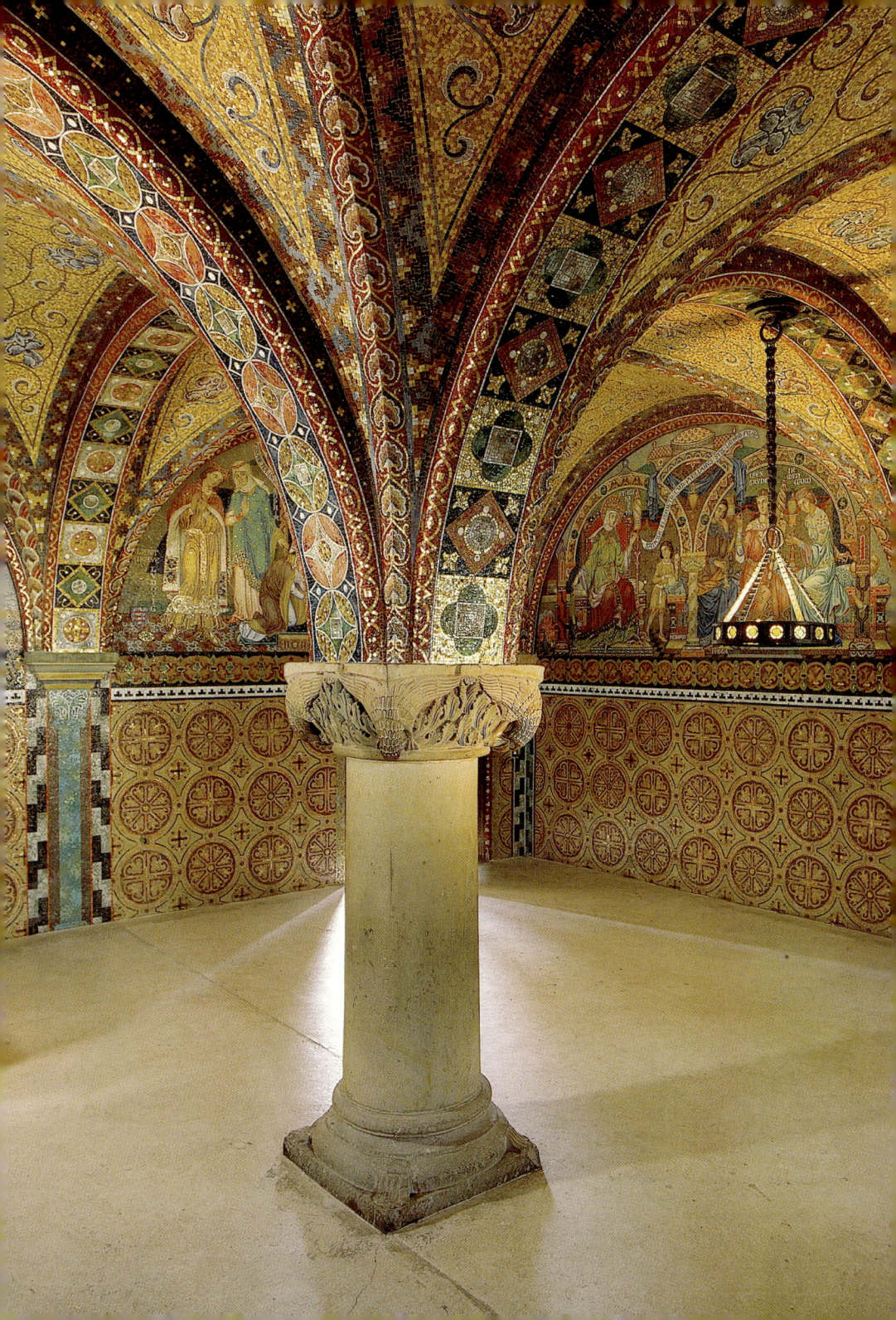

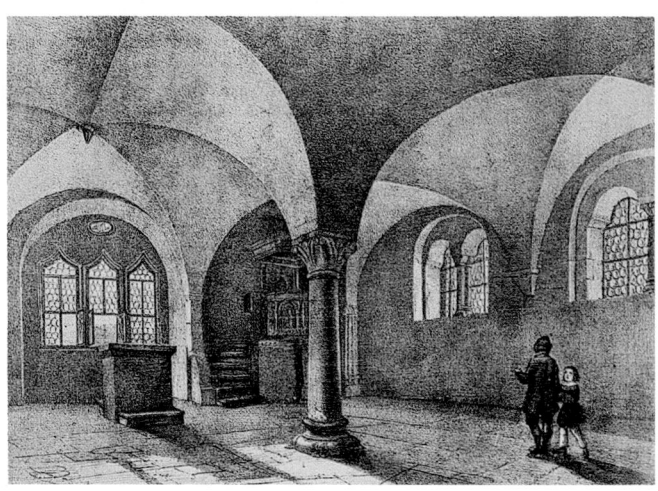

*Die Palaskapelle nach der
Umgestaltung 1628*

9. Auf der Kaminhaube die Legende vom
Mantelwunder der hl. Elisabeth. Friedrich II.
wird hier in die die Mitte der Tafel gesetzt,
obwohl er die Thüringer Landgräfin vermutlich
nie persönlich getroffen hat.

Malereifragment der sechs Apostel an der Wand
zum Sängersaal freigelegt, das ebenso wie die
stukkierten Halb- und Viertelsäulen eher in die
2. Hälfte des 13. Jahrhunderts zu datieren wäre.

Über eine Wendeltreppe am südlichen Ende der
Erdgeschoßarkade wird das erste Stockwerk
erreicht, das nicht mehr dem ursprünglichen
Raumprogramm entspricht. Die vermutlich erst nach 1318 eingebaute
Kapelle war unter Ritgen ihrer
Spätrenaissance-Zutaten entledigt
und mit bemalten Leinwänden des
Kölner Malers Michael Welter
(1808–1892) vollständig ausge-
kleidet worden. Die ‚Entrestaurie-
rung‘ der 1950er Jahre hat den
hochmittelalterlichen Zustand
wiederhergestellt und dabei das

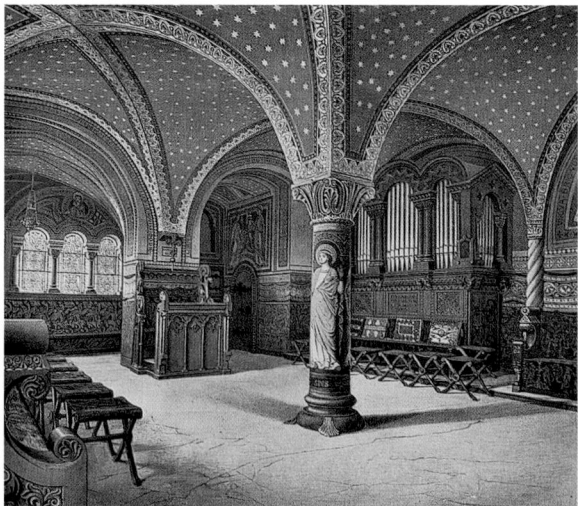

*Die Palaskapelle in der Ausstattung
Michael Welters, um 1865*

Freskomalerei

Im Unterschied zur Sekkotechnik wird die Malerei ‚affresco' auf den noch feuchten Kalkputz aufgebracht. Während des Trocknens kann der Weißkalk die durch das Brennen verlorengegangene Kohlensäure aus der Luft wieder aufnehmen. In Kalkwasser angelöste Pigmente werden im Erhärtungsprozeß durch Inkrustration fest mit dem Putz verbunden. Die dabei entstehende dünne Sinterhaut erzeugt einen samtenen Glanz. Die Maltechnik entwickelte sich in der ägyptischen und kretisch-mykenischen Kunst. Blütezeit der Freskomalerei war die italienischen Hochrenaissance – Michelangelos Deckenmalereien in der Sixtinischen Kapelle in Rom. Die Nazarener bemühten sich im frühen 19. Jahrhundert um eine Wiederbelebung. Schwind lernte sie bei Peter Cornelius in München kennen, beherrschte die Technologie der Arbeitsvorbereitung jedoch nur mangelhaft, wovon die frühen Schadensphänomene an den Bildern im Palas zeugen.

Die Elisabethgalerie

VON DER KAPELLE aus gelangt man sowohl direkt in den Sängersaal als auch in die dem Saal vorgelagerte **Elisabethgalerie.** Zum Hof hin öffnet sie sich in drei Fünferarkaden mit je sechs Doppelsäulen und romanischen Kapitellen und versetzt den Betrachter aus dem Mittelalter direkt in die Mitte des 19. Jahrhunderts. Von dieser Stelle an sind die Dekorationen der 1850er Jahre erhal-

Die Palaskapelle im heutigen Zustand

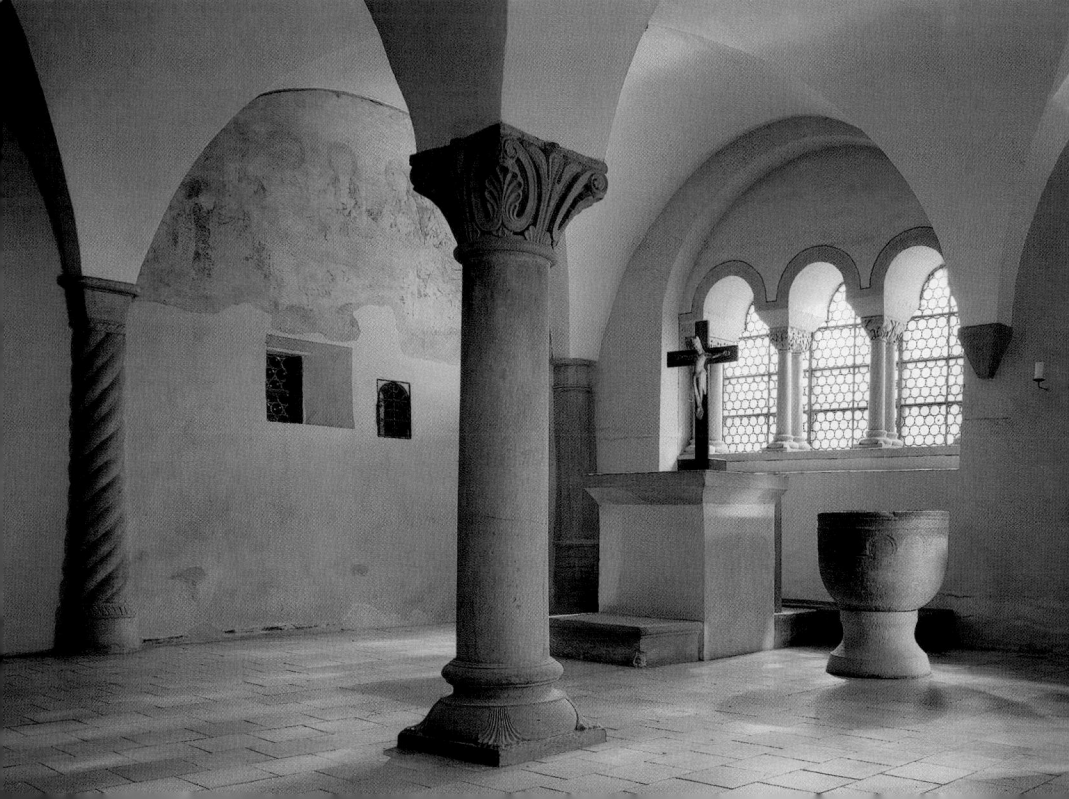

ten; es folgen die Räume, die der Spätromantiker Moritz von Schwind mit 14 Fresken versah. Aus der Situation des Außenzugangs des 19. Jahrhunderts ergibt sich eine Chronologie dargestellter Ereignisse aus der Vita der heiligen Elisabeth von Nord nach Süd, die der heutige Besucher in umgekehrter Folge erlebt. Sechs hochrechteckige Fresken schildern:

1. Die Ankunft der vierjährigen Braut auf der Wartburg 1211.
2. Die ‚Rosenwunder'-Legende.
3. Den Abschied von ihrem in den Kreuzzug aufbrechenden Gemahl 1227.
4. Das Verlassen der Burg nach Ludwigs IV. Beisetzung 1228.
5. Elisabeths Tod 1231.
6. Die Erhebung ihrer Gebeine ein Jahr nach der Heiligsprechung 1236.

Zwischen die Bilder wurden Darstellungen der ‚Werke der Barmherzigkeit' in sieben Medaillons angeordnet, die die Ikonologie mit der Thüringer Landgräfin schon unmittelbar nach ihrem Tod verknüpfte. Sie folgen dem Matthäus-Evangelium (Mt 25, 34–40): Hungrige speisen, Durstige tränken, Nackte bekleiden, Fremde beherbergen, Gefangene trösten, Kranke besuchen, Tote begraben. Vorbilder für die Malereien fand Schwind in Giottos Motiven der Franziskus-Legende in der Arena-Kapelle in Padua, die er 1835 gesehen hatte, und im Buch des Grafen Montalembert über die heilige Elisabeth. Hier unterlag er in der ‚Flucht von der Wartburg' dem Irrtum des Autors, der Elisabeth nicht drei, sondern vier Kinder angedichtet hatte.

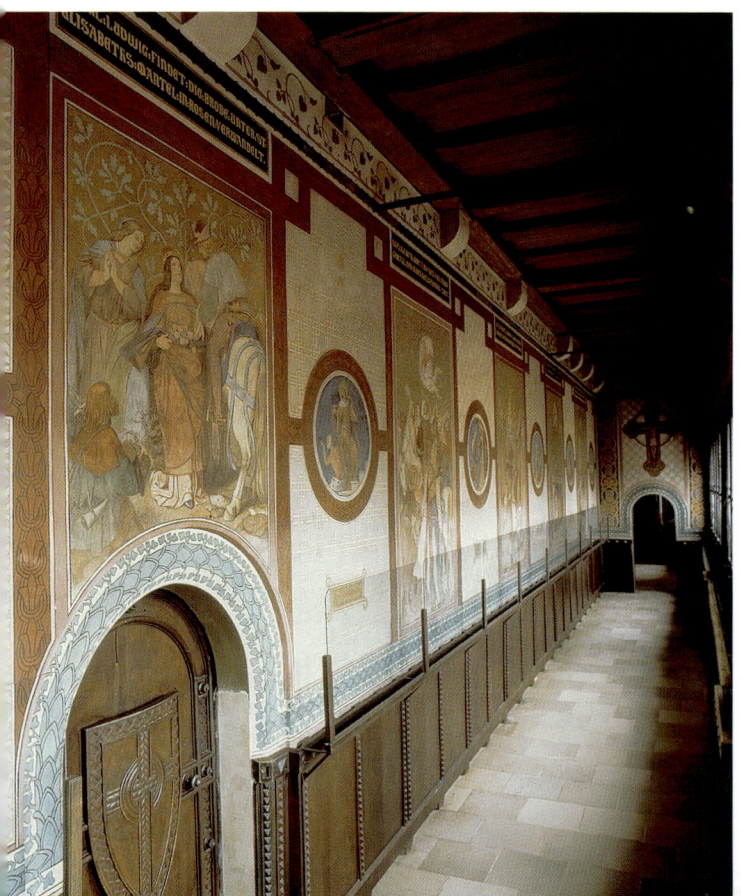

Der Sängersaal

DIE RUNDBOGENTÜR unter dem ‚Rosenwunder' führt zum **Sängersaal,** der mit der heutigen Kapelle dem Festsaal des ursprünglichen Raumprogramms entsprach. Bis auf die beiden Freisäulen, deren Kapitelle und Basen mit denen des Sakralraums korrespondieren, ist kein vorhistorisches Interieur mehr erhalten. Hier dominiert Schwinds größtes Wartburg-Fresko, das den sagenhaften Krieg der Sänger schildert. Bereits 1851 war die ‚Sängerlaube' über der tonnengewölbten Innentreppe an der Nordwand des Raums entstanden. Als dreibogige Arkade entsprach sie der romantischen

Die Elisabethgalerie,
1854/1855 ausgemalt

Blick aus der Sängerlaube
in den Sängersaal

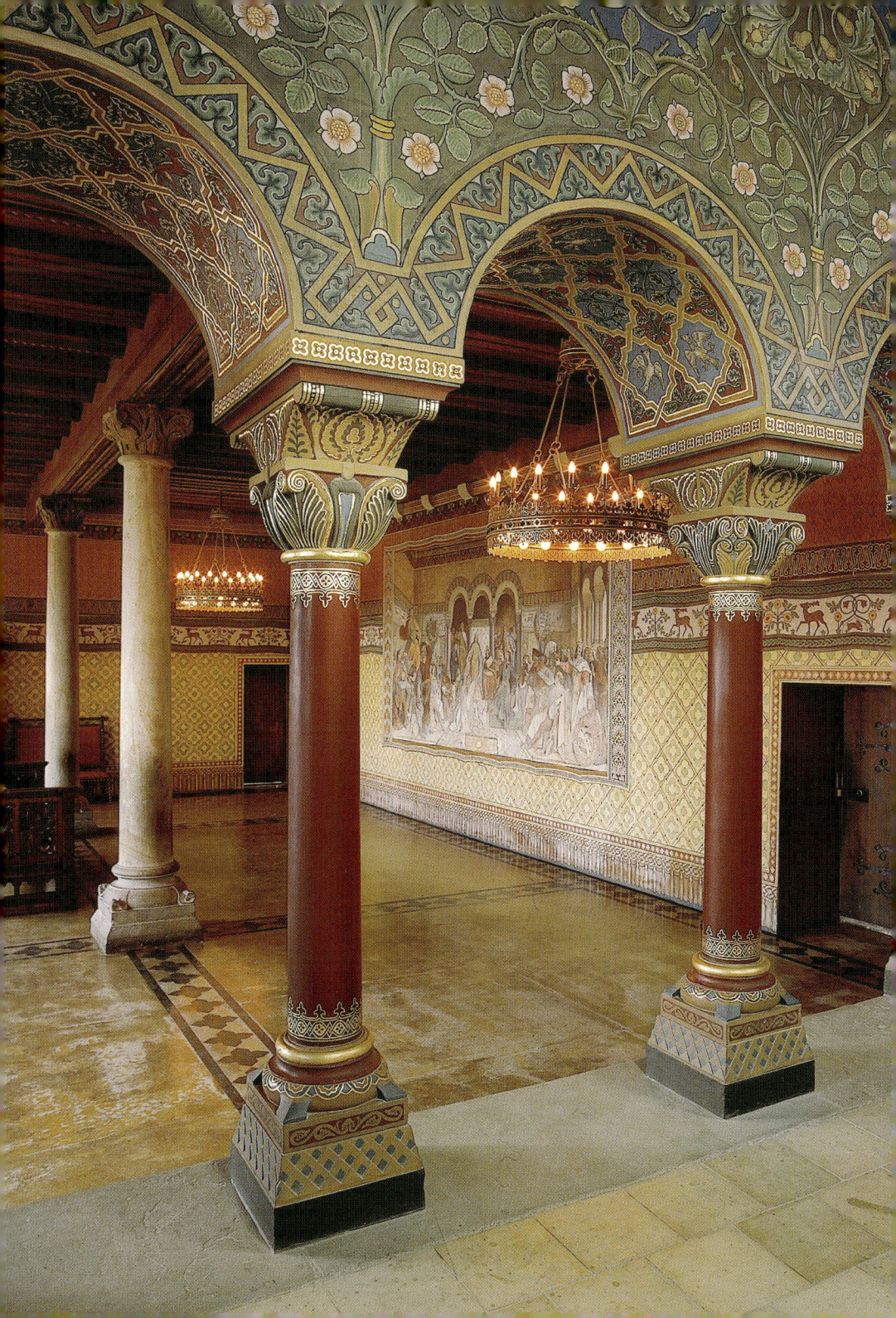

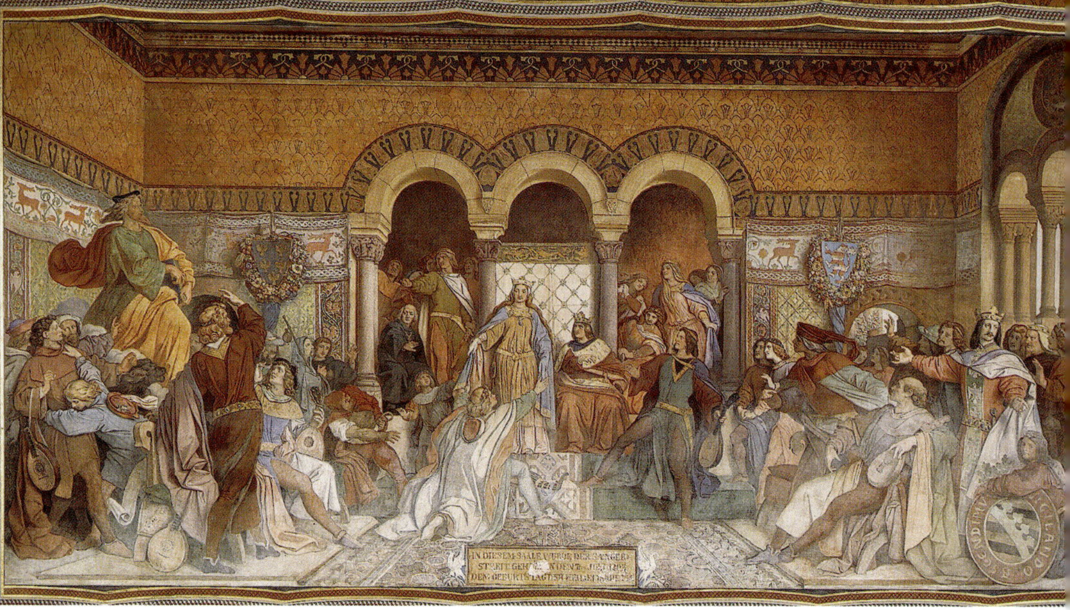

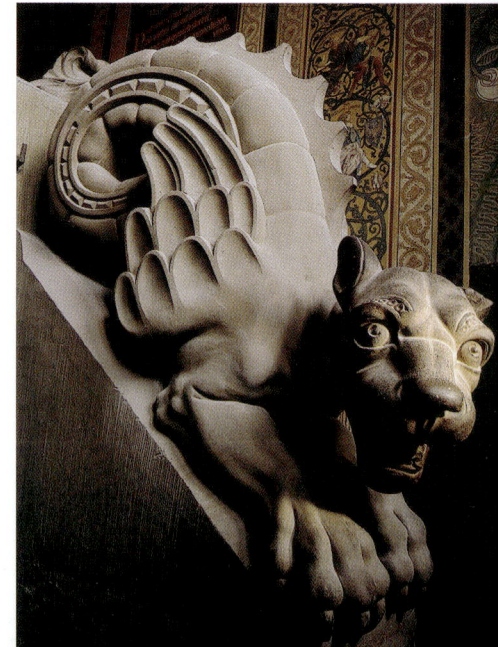

Moritz von Schwind, Der Sängerkrieg auf der Wartburg, Fresko im Sängersaal, 1855

Vorstellung einer Bühne, von der die Minnesänger ihre Lieder darboten. Die imposante Drachenplastik schuf Konrad Knoll (1829–1899), die Dekorationsmalereien der mit Schwind befreundete Rudolf Hofmann (1820–1882), Schüler der Düsseldorfer Akademie unter Wilhelm von Schadow. Das 2,5 x 5 Meter große Sängerkriegsbild zeigt sowohl den sagenhaften Wettstreit im Jahr 1206, als auch dessen Wiederholung 1207. Schwind förderte die Mär und verhalf ihr endgültig zur dauerhaften Lokalisierung auf die Wartburg, wenngleich derartige Singspiele (‚geteiltez spiel') an allen mittelalterlichen Höfen dargeboten wurden. Dabei folgte er dem Sagenstoff seines Meininger Freundes Ludwig Bechstein (1801–1860). Sechs Sänger sollen den Wettstreit am Hofe Landgraf Hermanns I. ausgetragen haben: Walther von der Vogelweide, Wolfram von Eschenbach, Reinmar von Zweter (richtiger ‚der Alte'), Heinrich von Ofterdingen, Heinrich Schreiber und Biterolf. Fünf von ihnen lobten insbesondere den kunstsinnigen Thüringer Landgrafen; Heinrich von Ofterdingen pries seinen Herrn, Herzog Leopold von Österreich, den er mit der Sonne verglich. Die anderen erwiderten, indem sie Hermann I. als ‚den Tag' besangen, dessen Beginn die Sonne erst nach-

folge. Ofterdingen unterlag und konnte sich der Schlinge nur mit Hilfe der Landgräfin entziehen. Binnen Jahresfrist wollte er den Magier und Sänger Klingsor aus Ungarn als Schlichter an den Hof

Konrad Knoll, Drache am Handlauf der Treppe zur Sängerlaube, Sandstein, 1851

bringen, dem eine Versöhnung aller Beteiligten schließlich auch gelang. Im Eisenacher Gasthaus Hellgrevenhof soll er am Abend zuvor die Geburt Elisabeths, der späteren Landgräfin und Heiligen, die Hermanns I. Schwiegertochter werden sollte, vorausgesagt haben.

Einige der rund 40 dargestellten Personen erhielten porträthafte Züge: Bechstein, Liszt, Goethe und Schiller, Ritgen oder Carl Alexander. Beißende Ironie verrät der Mönch mit Pilgerstab und -flasche. Hier verbirgt sich der geschäftstüchtige Protestant, der Maler und Münchner Akademieprofessor Wilhelm von Kaulbach. Vorübergehend war auch er für die Ausmalungen des Wartburgpalas im Gespräch gewesen, ehe sich Carl Alexander für den katholischen Schwind entscheiden sollte. Die illusionistische Teppichdekoration mit Hirschfries, aufgemalten Troddeln und Bordüren ist die Folge von Sparmaßnahmen während der Ausstattung. Die Rückwand der ‚Sängerlaube' ist mit den Versen versehen, die das Ereignis beschreiben. Seitlich schließen sich Ornamentbordüren mit Allegorien und den beteiligten Sängern an. Die Wand am Durchgang zum folgenden Raum ist mit besonders reichen Ranken, zwischen denen Musikinstrumente dargestellt sind, bemalt. Stilistische Vorbilder sind in der Buchgrafik des späten 15. Jahrhunderts zu suchen.

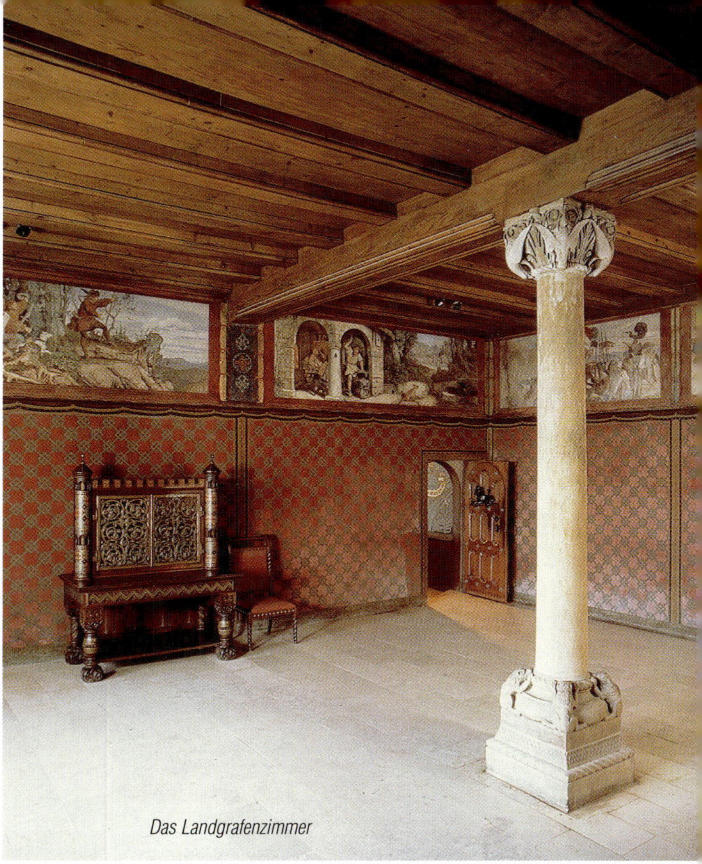

Das Landgrafenzimmer

Das Landgrafenzimmer

IM NORDEN SCHLIESST SICH das **Landgrafenzimmer** an, das als fürstliche Hofstube (Raum des gehobenen Personals) und Ort offizieller Amtsgeschäfte genutzt worden sein kann. Neben Schwinds Bilderfries mit Thüringer Sagendarstellungen unterhalb der Balkendecke fällt hier die prachtvolle Mittelsäule auf. Wieder ist sie mit einem Adlerkapitell ausgestattet, darüber hinaus jedoch auch mit dem einzigen figürlichen Sockel im Wartburgpalas. In Analogie zu den Vögeln des Kapitells verbeißen sich vier sitzende Ecklöwen in den Basiswulst. Die hohe Plinthe nimmt ein weiteres gedrehtes Wulstband und einen Schuppenfries auf. Diese Säule war erst später am Ort eingesetzt worden; der erste Estrich über dem Gewölbe des Rittersaals liegt mehr als 0,6 Meter

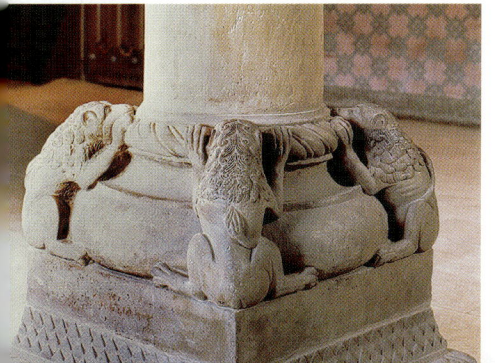

Basis der Säule im Landgrafenzimmer

unter ihrer Fußplatte. Mit Sicherheit jedoch darf sie als Werk der Wartburg-Bauhütte gelten. Der historische Eckkamin ersetzte den ursprünglichen Schlot.

Schwinds Fries gibt in sieben illusionistischen Wandteppichen (je 1 x 2,5 Meter) und zwei Zwickelgemälden Sagen um die Thüringer Landgrafen (Ludowinger und Wettiner) des 11. bis 14. Jahrhunderts wider. Auch hierbei lag Bechsteins Ausgabe des ‚Thüringer Sagenschatzes' zugrunde:

1. Die Sage von der Gründung der Wartburg durch Ludwig den Springer („Wart, Berg, du sollst mir eine Burg werden!").
2. die Sage von Ludwig II. und dem Schmied von Ruhla („Landgraf werde hart!"; im Hintergrund läßt der Herrscher auf dem Edelacker nahe der Neuenburg Vasallen vor einen Pflug spannen).
3. Die Sage vom Mauerbau auf der Neuenburg („Treue Mannen sind die besten Mauern"; Ludwig der Eiserne führt Kaiser Friedrich Barbarossa seine Vasallen als ‚Zwingermauer' der Neuenburg vor).
4. Die Sage von Ludwig IV., der den ausgebrochenen Löwen bezähmt („Er ging mit Löwen um, als scherzte er"; gezeigt vor dem Wartburgpalas im Zustand Mitte des 19. Jahrhunderts).
5. Die Sage vom Krämer und seinem Esel („Ich suche meinen Esel"; Ludwig IV. verhilft dem armen Mann zu Recht und Eigentum durch die Belagerung Würzburgs und Verwüstung bischöflicher Ländereien).
6. Die Sage vom Gastmahl Albrechts des Entarteten („Frau Venus hier viel Leiden bringt"; Wollust, Genußsucht und verschwenderische Lebensweise Albrechts werden angeprangert).
7. Die Sage vom Taufritt Friedrichs des Freidigen nach Tenneberg („Meine Tochter soll trinken, und ob das Thüringer Land verloren geht"; die die Sorge um das Neugeborene trotz feindlicher Bedrohung zum Gegenstand wählt). Die ergänzenden Zwickelgemälde an der Fensterwand stammen von Schwinds Gehilfen:

8. Hans von Friemar rettet Landgraf Friedrich II. im Kampf bei Burg Scharfenberg.
9. Landgraf Balthasar im Kampf mit den ‚Sternern' (die Malerei ist verlorengegangen).

Der Festsaal

DER FESTSAAL IM ZWEITEN OBERGESCHOSS kann über die Wendeltreppe neben der Kapelle und über einen Treppenhausbau der 1950er Jahre erreicht werden, der an die Palas-Nordwand angelehnt wurde. Die Festsaalgalerie erstreckt sich über die gesamte Hofseite. In der Fassadenmitte befinden sich vier Viererarkaden, an den Rändern sind es jeweils zwei Biforien. Die Auffälligkeit gegenüber den anderen Geschossen besteht im Verzicht auf Wandsäulen; die äußeren Bögen ruhen auf in das Mauerwerk eingelassenen Kämpfer- und Gewändesteinen.

Die Doppelsäulen in der Achse der Viererarkaden und in den beiden südlichen Fenstern folgen der

Konrad Knoll, Hugo von Ritgen als mittelalterlicher Architekt, Deckenbinder im Festsaal, um 1865

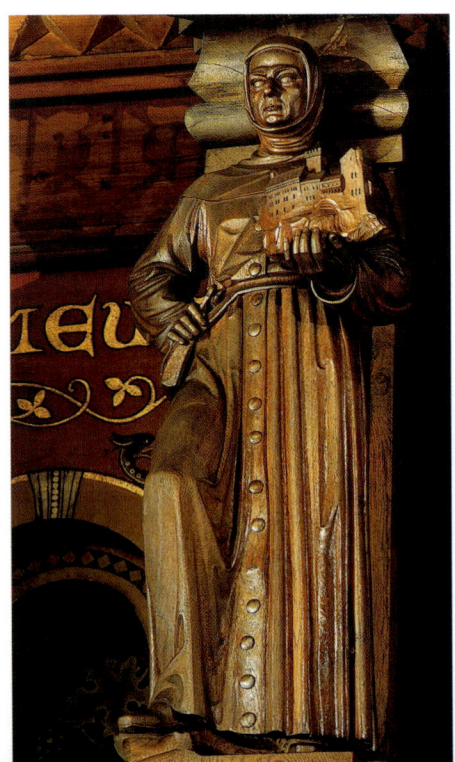

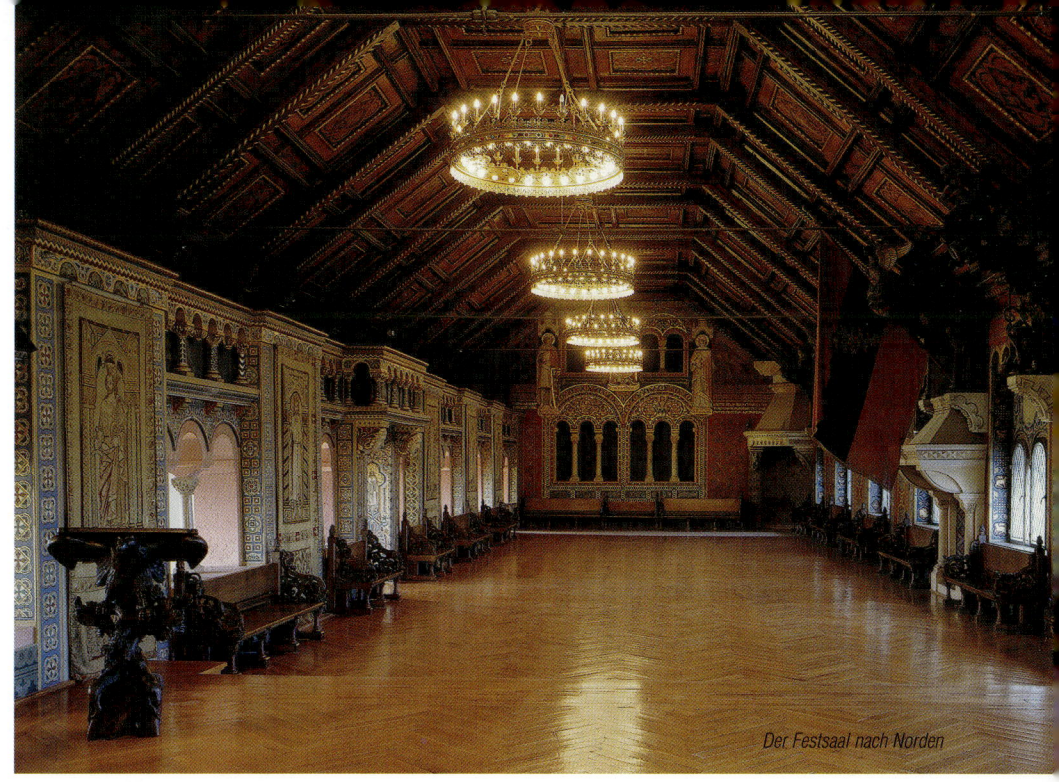

Der Festsaal nach Norden

Wandflucht. Ähnlich gegliederte Bi- und Triforien finden sich auch in den anderen Fassaden des Palas. Das heutige Bild mit allein 82 Säulen in der Hofseite ist dem Interesse des 19. und 20. Jahrhunderts zu verdanken und entspricht sicher weitgehend wieder dem Bauwerk der Thüringer Landgrafen.

Der große romanische Festsaal hatte nach der Brandbeschädigung 1318 eine Flachdecke auf dem Niveau der heutigen Empore erhalten; darüber war Platz für drei Dachgeschosse. Ritgen bezog nun mit einer hohen dreiseitigen Kassettendecke den Dachraum wieder in den Saal ein. Diese offene Trapezkonstruktion zur Verbesserung der Raumakustik soll auf Empfehlung des Weimarer Hofkapellmeisters Franz Liszt (1811–1886) zurückgehen. Auch heute bildet der Festsaal den feierlichen Rahmen für zahlreiche, vorwiegend kulturelle Ereignisse, Rundfunkkonzerte und Theateraufführungen.

Bis zur Achthundertjahrfeier 1867 schuf die kleine Künstlergruppe um Michael Welter ein architekto-nisches ‚Gesamtkunstwerk‘, das in sich die Malerei, die Plastik der 16 östlichen Deckenbinder, die Ausstattung mit Bänken, Gobelins, Radleuchtern und prächtigen Kaminen verband und durch die neue Funktion als Konzertsaal möglichst viele menschliche Sinne zu vereinigen suchte. Die phantasievollen Skulpturen Konrad Knolls machen den Hauptschmuck des Raumes aus. Unter den lebensgroßen Figuren der Binder befindet sich der in das Gewand eines mittelalterlichen Baumeisters gehüllte Architekt Ritgen. Einem Heiligen gleich hält er ein Attribut auf dem Arm: die wiederhergestellte Wartburg. Die Malereien an den Giebelseiten zeigen im Süden Karl den Großen, gerahmt von Ludwig dem Bärtigen und Ludwig dem Springer (bezeichnet nach der Generationenfolge des Geschlechts als ‚I.‘ und ‚II‘), im Norden Hermann I. zwischen seinem Sohn Ludwig IV. und dessen Gemahlin Elisabeth von Ungarn. Die übrigen Felder sind zumeist ornamental bemalt, Teppiche in den Wandflächen zur Arkade entstanden nach Entwürfen Welters.

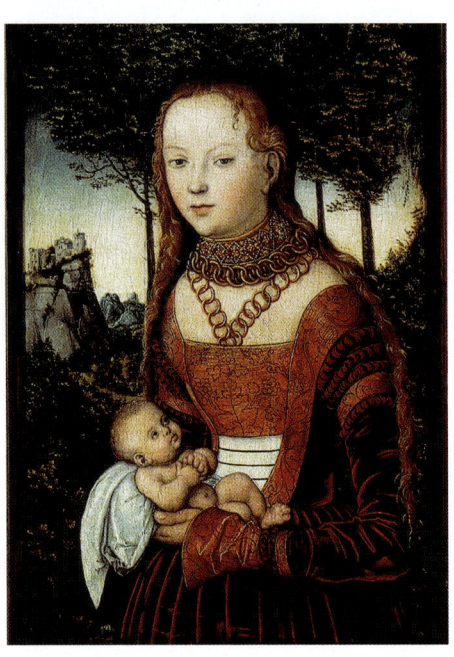

Lucas Cranach d.Ä., Junge Mutter mit Kind, Öl auf Holz, um 1525

Zurück in die Vorburg – Die Lutherstube

ÜBER DEN MARGARETHENGANG werden die Museumsräume der Neuen Kemenate und der Dirnitz in Richtung Vorburg verlassen. Er endet am Obergeschoß der Vogtei, das aus einem hofseitigen Gang und mehreren dahinterliegenden Stuben besteht. Diese Raumgliederung erfolgte nachträglich, etwa um 1500. Zuvor war das Geschoß ein kaum unterteilter Saal. Die Kopfbänder, die sich fast mit der Flurwand berühren, wären bei einer Unterteilung statisch nicht erforderlich gewesen. Im Innern befindet sich eine ‚Spolie', die aus der fränkischen Metropole Nürnberg stammt und 1867 auf die Wartburg gelangte: das Pirckheimerstübchen. Das Studierzimmer des Nürnberger Humanisten befand sich im

Die Kunstsammlung der Wartburg

In Erinnerung an Goethes musealen Gedanken legten die Großfürstin Maria Pawlowna und ihr Sohn, der ‚Wartburg-Erneuerer' Carl Alexander von Sachsen-Weimar-Eisenach, den Grundstock für eine europäisch geprägte Kunstkammer, deren Sammlungsschwerpunkte sich bis heute an den wichtigsten historischen und architekturgeschichtlichen Epochen der Wartburg orientieren: Hoch- und Spätmittelalter, frühe Neuzeit und Kunst des 19. Jahrhunderts. Diese Etappen stehen gleichsam für die Höhepunkte mehr als neunhundertjähriger Wartburggeschichte.

Da sich aus früherer Zeit bis auf die Ausstattung der Lutherstube, die bereits im ausgehenden 16. Jahrhundert Ziel zahlreicher ‚Pilger' war, weder eine Ahnengalerie, noch Teppiche oder Mobiliar erhalten haben – für eine mittelalterliche Burg nichts ungewöhnliches –, begannen Wartburgfreunde, wie der Architekt Ritgen, der Märchen- und Sagendichter Ludwig Bechstein und das Haus Sachsen-Weimar-Eisenach, Kunst und Kunsthandwerk zu sammeln. Fündig wurden sie auf Kirchenböden, in verfallenen Schlössern und Herrensitzen. Man brachte Objekte aus Weimar, rief die Bevölkerung zu Spenden auf und erwarb Stücke im Kunsthandel. Die Wartburg-Stiftung konnte die Sammlung ergänzen, durch Tafelbilder der Cranach-Werkstatt, ein Exemplar der 2. Auflage der Luther-Bibel aus dem Besitz des Reformators, Gemälde, Plastiken, Münzen und kunsthandwerkliche Gebrauchsgegenstände. Sie verwahrt heute etwa 9000 Objekte.

In den Räumen der Neuen Kemenate, der Dirnitzlaube und der Dirnitz selbst befinden sich zwei ständige Ausstellungen: die ‚Kunstkammer der Wartburg' und ‚Ich schreibe ohne Unterbrechung', die sich reformationsgeschichtlich mit Luthers Aufenthalt befaßt. Im Erdgeschoß der Dirnitz ist seit 1997 ein separater Sonderausstellungsraum eingerichtet.

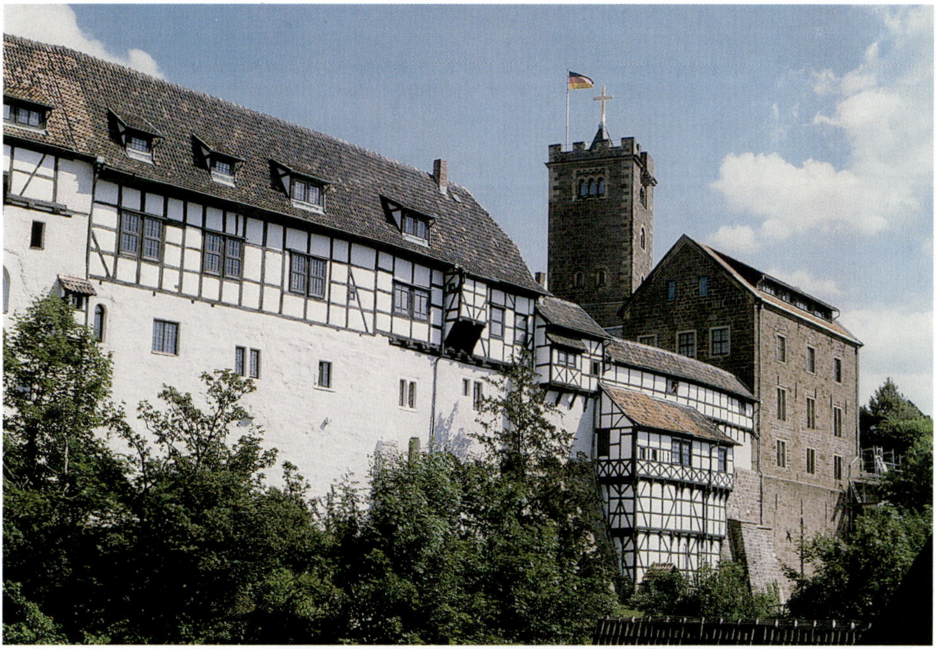

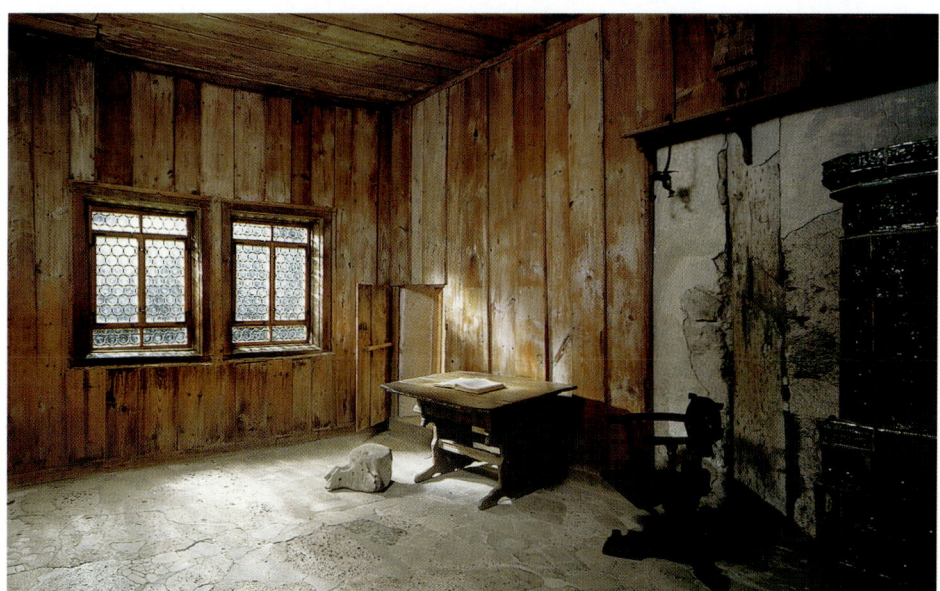

Blick vom Hotel auf die Westseite der Vorburg mit der Lutherstube

Die Lutherstube

Imhoffschen Hause seiner Schwiegereltern. Es wurde in die Nähe der Lutherstube versetzt, um den ideellen Bogen zwischen Humanismus und Reformation zu spannen. Ausmalungen im Innern des Erkers und an der Holzwand der Stube schuf 1878 ebenfalls Michael Welter, der zuvor für die Dekorationsmalereien im Palas-Festsaal gesorgt hatte. Die Ecke zum Hof nimmt ein repräsentativer Raum mit Fenstern nach drei Seiten ein, die obere Vogteistube, an der sich die Kopie des gotischen Nürnberger Erkers befindet.

Die beiden südlichen Vogteiräume erwecken die besondere Aufmerksamkeit aller Besucher. Martin Luther nutzte sie während seines Aufenthalts 1521–1522. Der stark erneuerte Estrichfußboden entspricht höfischen Wohnräumen des späten Mittelalters. Die Wände sind bis auf die ausgemauerte Stelle hinter dem Ofen – der fachkundige Besucher erkennt auch hier Reste einer älteren Wand – mit Bohlen verkleidet. Der legendäre Tintenfleck wird schon seit der Jahrhundertwende nicht mehr erneuert.

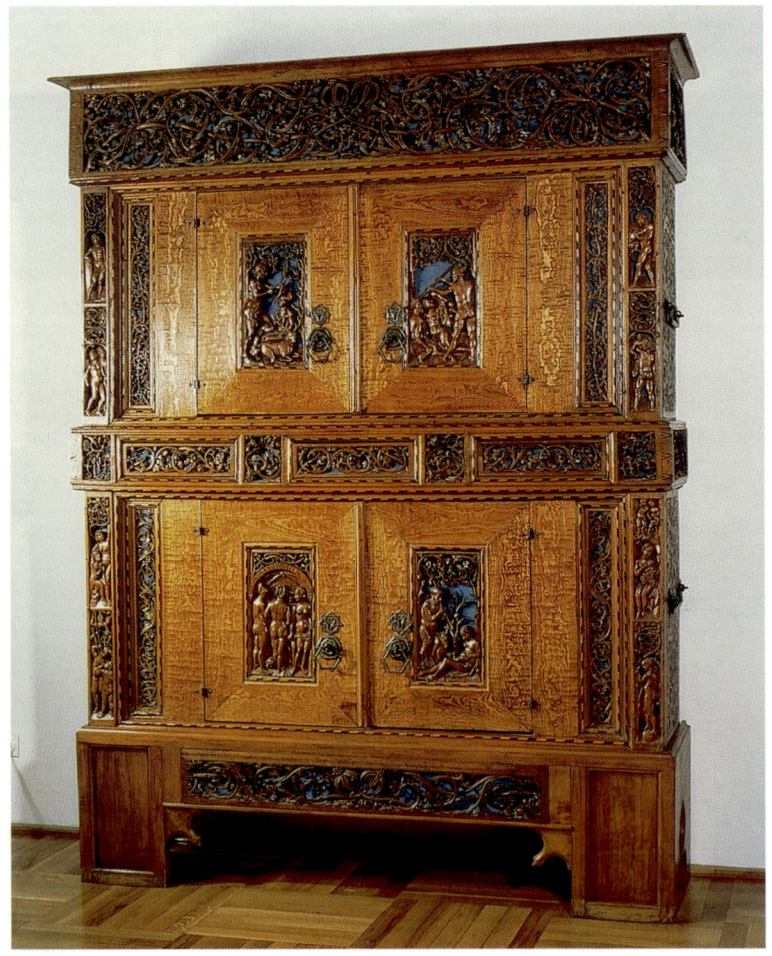

Zweigeschossiger Schrank – ‚Dürerschrank‘, Linde, Kirsche, Esche, fränkisch, um 1515

WICHTIGE LITERATUR:

Altwasser, Elmar: Die bauhistorische Untersuchung an der Ostfassade des Palas der Wartburg. Ein Vorbericht. In: Wartburg-Jahrbuch 1993. Leipzig 1994. S. 40–53. – Ders.: Methodische Anmerkungen zur aktuellen Bauforschung an der Wartburg, speziell im Bereich des Palas. In: Forschungen zu Burgen und Schlössern, Bd. 1 (hrsg. von der Wartburg-Gesellschaft). München, Berlin 1994. S. 17–21. – Ders.: Bauhistorische Untersuchungen an der Westfassade des Palas der Wartburg. Ein Vorbericht. In: Wartburg-Jahrbuch 1994. Eisenach 1995. S. 11–27

Asche, Sigfried: Die Wartburg. Dresden 1955

Badstübner, Ernst: Die Wartburg. Burg und Landschaft. In: Forschungen zu Burgen und Schlössern, Bd. 1. München, Berlin 1994. S. 105–113. – Ders.: Zur Kapitellornamentik der ludowingischen Hauptburgen in Thüringen. In: Wartburg-Jahrbuch 1997. Regensburg 1998. S. 11–30

Baumgärtel, Max (Hrsg.): Die Wartburg. Ein Denkmal deutscher Geschichte und Kunst (Das Wartburg-Werk). Berlin 1907

Biller, Thomas: Die Adelsburg in Deutschland. Entstehung, Gestalt, Bedeutung. München 1998

Brunos Buch vom Sächsischen Kriege. Übers.: Wilhelm Wattenbach. Hrsg.: Alexander Heine. Essen und Stuttgart 1986. S. 204–206

Domagala, Rosemarie: Die Gaststätten auf der Wartburg. Teil II. In: Wartburg-Jahrbuch 1993. Leipzig 1994. S. 115–130

Eckstein, Dieter/Eißing, Thomas/Klein, Peter: Dendrochronologische Datierung der Wartburg und Aufbau einer Lokalchronologie für Eisenach/Thüringen. Köln 1992

Gabelentz, Hans v. d.: Die Wartburg. München 1931

Geschichte Thüringens. Hrsg. Hans Patze, Walter Schlesinger. 1.–6. Bd. Köln, Wien 1968–79

Großmann, Dieter: Zur Kapitellornamentik der Wartburg. In: Forschungen zu Burgen und Schlössern, Bd. 1. München, Berlin 1994. S. 25–38

Großmann, Ulrich: Die Fresken des Moritz von Schwind in der Wartburg. In: Forschungen zu Burgen und Schlössern, Bd. 1. München, Berlin 1994. S. 115–127

Klaua, Dieter: Gesteinskundliche Untersuchung zu den am Palas der Wartburg verwendeten Rotsandsteinen. In: Wartburg-Jahrbuch 1993. Leipzig 1994. S. 63–69. – Ders.: Kanalsinter – ein besonderes Baumaterial für Säulen auf der Wartburg. In: Wartburg-Jahrbuch 1994. Eisenach 1995. S. 49–57. – Ders.: Die Bausteine am Palas der Wartburg. In: Wartburg-Jahrbuch 1995. Eisenach 1996. S. 91–101.

Krauß, Jutta: Die Wiederherstellung der Wartburg im 19. Jahrhundert. In: Kleine Schriftenreihe der Wartburg-Stiftung 1. Eisenach 1990

Lehfeld, Paul/Voß, Georg: Bau- und Kunstdenkmäler Thüringens. Heft 41, Amtsgerichtsbezirk Eisenach. Die Wartburg. Jena 1917

Lehmann, Hans-Jürgen: Der Südturm (Pulverturm) der Wartburg. Beschreibung der Baugeschichte. In: Wartburg-Jahrbuch 1997. Regensburg 1998. S. 179–191

Möller, Roland: Zur Restaurierung der Räume im Wartburg-Palas. In: Beiträge zur Erhaltung von Kunstwerken (2). Berlin 1984

Rothe, Johannes: Düringische Chronik. Hrsg.: Rochus v. Liliencron. Jena 1859

Schmolitzky, Oskar: Das Fachwerk der Wartburg. In: Deutsches Jahrbuch für Volkskunde (10). 1964

Scholz, Jürgen: Untersuchungen zur Architekturfarbigkeit der Ostfassade des Palas der Wartburg. In: Wartburg-Jahrbuch 1993. Leipzig 1994. S. 54–62

Schwarz, Hilmar: Zu den ältesten bildlichen Darstellungen der Wartburg. In: Wartburg-Jahrbuch 1993. Leipzig 1994. S. 90–101

Die Schwind-Fresken auf der Wartburg. 14. Arbeitsheft des Thüringischen Landesamtes für Denkmalpflege. Bad Homburg und Leipzig 1998

Strickhausen, Gerd: Burgen der Ludowinger in Thüringen, Hessen und dem Rheinland. In: Quellen und Forschungen zur hessischen Geschichte 109. Darmstadt, Marburg 1998

Wartburg-Jahrbuch. 1923–1938. Erneut seit 1992

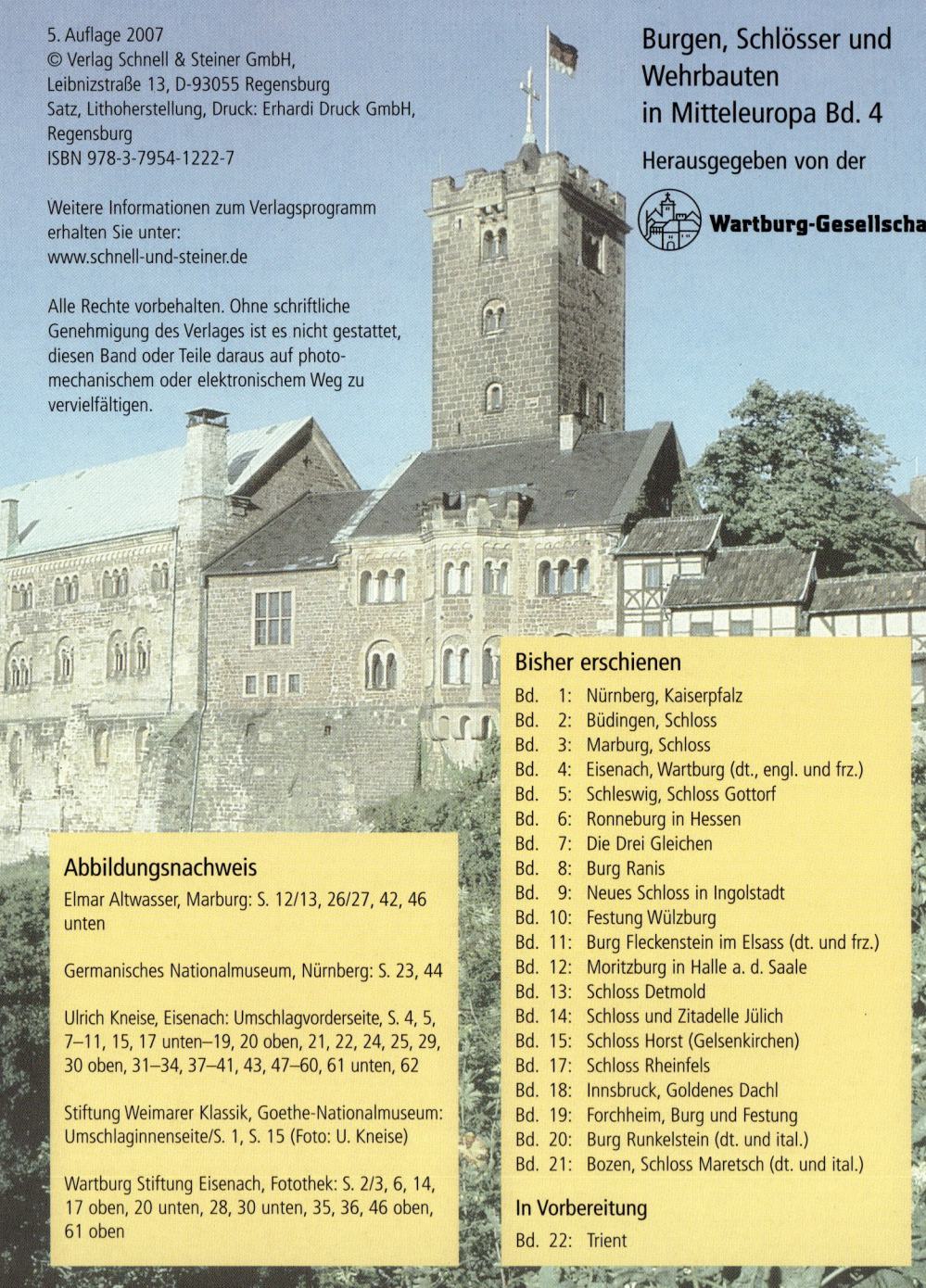

5. Auflage 2007
© Verlag Schnell & Steiner GmbH,
Leibnizstraße 13, D-93055 Regensburg
Satz, Lithoherstellung, Druck: Erhardi Druck GmbH,
Regensburg
ISBN 978-3-7954-1222-7

Weitere Informationen zum Verlagsprogramm
erhalten Sie unter:
www.schnell-und-steiner.de

Burgen, Schlösser und
Wehrbauten
in Mitteleuropa Bd. 4

Herausgegeben von der

Wartburg-Gesellschaft

Abbildungsnachweis

Elmar Altwasser, Marburg: S. 12/13, 26/27, 42, 46
unten

Germanisches Nationalmuseum, Nürnberg: S. 23, 44

Ulrich Kneise, Eisenach: Umschlagvorderseite, S. 4, 5,
7–11, 15, 17 unten–19, 20 oben, 21, 22, 24, 25, 29,
30 oben, 31–34, 37–41, 43, 47–60, 61 unten, 62

Stiftung Weimarer Klassik, Goethe-Nationalmuseum:
Umschlaginnenseite/S. 1, S. 15 (Foto: U. Kneise)

Wartburg Stiftung Eisenach, Fotothek: S. 2/3, 6, 14,
17 oben, 20 unten, 28, 30 unten, 35, 36, 46 oben,
61 oben

Bisher erschienen